RESEÑAS I

COLECCIÓN

ARQUITECTURA Y HUMANIDADES

MARÍA ELENA HERNÁNDEZ ÁLVAREZ

COMPILADORA

Primera edición 2015

Directorio

Dra. en Arq. María Elena Hernández Álvarez
Directora

Mtra. en Arq. Patricia Barroso Arias
Coordinación de Contenido Editorial
Versión impresa y versión digital en: www.architecthum.edu.mx
Colaboración:
Arq. Milena Quintanilla Carranza

Mtro. en Arq. Federico Martínez Reyes
Coordinación Editorial
Colaboración:
Roberto Israel Peña Guerrero

Mtro. Guillermo Samperio/Rodrigo de Sahagún
Fundación Cultural Samperio, A.C.
Revisión ortotipográfica y de estilo

Ilustración de portada:
Federico Martínez Reyes

©ARCHITECTHUM PLUS S.C.
Díaz de León 122-2
Aguascalientes, Aguascalientes
México CP 20000
libros@architecthum.edu.mx

ISBN 978-607-9137-35-9

Presentación

La construcción de la Teoría de la Arquitectura, que es el sustento de todo diseño arquitectónico, implica un complejo proceso reflexivo y crítico mediante el cual se verifica a distancia y en profundidad la enseñanza y la praxis del oficio de ser arquitecto. Si la Arquitectura, es decir, lo habitable, le concierne a todo ser humano, las premisas de ella misma sólo pueden concebirse de manera transdisciplinaria sustentándose en todos los campos del conocimiento porque, además, es a todos ellos a quien va destinado su servicio.

Asimismo, las manifestaciones del humanismo están asociadas a la conciencia social del hombre y a sus circunstancias existenciales en el mundo, de tal suerte que se deben ir generando consideraciones ontológicas y epistémicas en el plano formativo y profesional para el arquitecto. Por ello, asumir una formación humanista desde sus más altos y nobles ideales, constituye una necesidad cada vez más apremiante en el mundo de hoy; y es esto lo que nos transmite una imagen del arquitecto como persona que piensa, que crea y que produce una arquitectura orientada hacia el bien común.

Actualmente, gracias a esfuerzos de profesores e investigadores de nuestro Programa Académico, como la Dra. María Elena Hernández y de su grupo de colaboradores, proyectos editoriales como esta Colección Arquitectura y Humanidades, hacen posible pensar en una Teoría de la Arquitectura impresa con un sello particular en donde el proceso de enseñanza aprendizaje no se concibe ya como un proceso educativo centrado únicamente en la adquisición de conocimientos y habilidades, sino como un compromiso reflexivo y crítico que reclama un cambio de orientación dirigido a la búsqueda de nuevos nexos y relaciones disciplinares, particularmente aquí con las Humanidades.

Así, validando este enfoque transdisciplinar, se escriben y difunden en este proyecto editorial, colección Arquitectura y Humanidades, ideas artísticas, científicas, éticas, filosóficas, poéticas e históricas, que provienen de numerosas visiones del mundo arquitectónico, sustentadas en ideologías, teorías y posturas que están en correspondencia con las exigencias del mundo contemporáneo.

Es esencial que nuestra Facultad de Arquitectura sea parte de las instituciones educativas que contribuyen a la formación de arquitectos conscientes y reflexivos para que esto nos permita, no solamente vivir en el mundo actual, sino además, transformarlo de manera transdisciplinaria para la sustentabilidad y sostenibilidad que el futuro nos demanda.

Así, la Colección Arquitectura y Humanidades nos convoca a la reflexión filosófica que comprende a la arquitectura desde su núcleo, el hombre, y al arquitecto como el profesional dotado de razón, de conocimiento y de capacidad para construir, pensar y diseñar lugares de verdadera calidad habitable.

Sabemos que este proyecto editorial queda establecido para ser puerta abierta permanente a las colaboraciones de quienes consideren el trabajo transdisciplinario como una fuente necesaria para validar, hoy más que nunca, las pautas de diseño de los espacios que los seres humanos habitamos.

Mtro. en Arq. Alejandro Cabeza Pérez
Coordinador del Programa de Maestría y Doctorado en Arquitectura
Facultad de Arquitectura
Universidad Nacional Autónoma de México
Enero de 2015

Prólogo

La *Colección Arquitectura y Humanidades*, tiene el objetivo de fortalecer los lazos entre ambos campos de conocimiento, ya que uno sin el otro no podrían concebirse. Si comprendemos que, tanto la Arquitectura como las Humanidades conciernen a todo ser humano, es por ello que este proyecto centra su propósito en compartir los esfuerzos de muchas personas por enriquecer los encuentros transdisciplinarios que coadyuvan al compromiso con la calidad de las pautas de diseño de los espacios que habitamos los seres humanos.

En este proyecto editorial presentamos numerosos trabajos de exalumnos y profesores del Seminario y Taller de Investigación *Arquitectura y Humanidades* fundado en 1997 en el Programa de Maestría y Doctorado en Arquitectura de la Universidad Nacional Autónoma de México. A partir de ese año, esta *Colección Arquitectura y Humanidades*, tanto en sus versiones digitales como en la impresa, también se ha visto enriquecida de manera significativa con la generosa colaboración de muchos académicos y profesionales de diversas instancias y países.

Los números de este proyecto editorial se presentan organizados en temáticas generales abiertas para multiplicarse secuencialmente. Los artículos en cada número dan a conocer importantes reflexiones teóricas cuyo interés primordial es contribuir a la formación de investigadores y de docentes, así como el promover la generación y divulgación del conocimiento y la cultura arquitectónica y humanística.

Inaugura la lista de autores el Dr. Jesús Aguirre Cárdenas, quien, además de contribuir con un importante ensayo sobre el tema central de esta Colección, ha otorgado en todo momento su apoyo al proyecto académico *Arquitectura y Humanidades*. Expreso aquí mi profunda gratitud y admiración al Dr. Jesús Aguirre Cárdenas por su confianza a esta propuesta académica editorial y, sobre todo, por su inigualable ejemplo humano a seguir; él siempre abriendo caminos.

Por mi conducto, todos los autores que participamos en esta Colección expresamos nuestra gratitud a las autoridades de la Facultad de Arquitectura de la Universidad Nacional Autónoma de México, especialmente a su Director el Arquitecto Marcos Mazari Hiriart, al Maestro en Arquitectura Alejandro Cabeza Pérez, Coordinador del Programa de Maestría y Doctorado en Arquitectura y al Maestro en Arquitectura Salvador Lizárraga, Coordinador editorial de la Facultad de Arquitectura, por el reconocimiento que otorgan a la trayectoria de los autores que participan en esta *Colección Arquitectura y Humanidades*, así como a la calidad de los ensayos que en ella se presentan.

Finalmente, mi especial reconocimiento a la Maestra en Arquitectura Patricia Barroso Arias y al Maestro en Arquitectura Federico Martínez y a sus colaboradores por las incontables horas de entrega, creatividad, compromiso, liderazgo y confianza a este proyecto editorial.

María Elena Hernández Álvarez
México, Distrito Federal , diciembre de 2014

RESEÑAS I

Introducción

JORGE ANÍBAL MANRIQUE PRIETO

Los ideales de progreso y especialización del conocimiento que hoy en día direccionan el avance en los diferentes campos del saber, le han permitido a la humanidad dar pasos agigantados, sobre todo en el desarrollo de los campos científico y tecnológico. A pesar de ello, no es un misterio que gran parte de esos avances, en particular los que han tenido lugar durante los últimos dos siglos, se concibieron gracias a la interacción entre los aportes de diferentes campos del conocimiento. Dicha interacción, poco a poco, ha renovado el interés en la humanidad por un análisis y una comprensión *complejos*, no solo de los fenómenos naturales y del universo, sino de los fenómenos humanos –que tanto le competen al oficio de la arquitectura-.

Por otro lado, sería equívoco negar que gran parte de la evolución del conocimiento -en especial el de las artes y humanidades- se deba al proceso acumulativo que él mismo ha tenido durante la prolongada trayectoria de la existencia humana en el globo terráqueo. Es decir, a diferencia de las ciencias, la evolución de las artes y las humanidades no puede verse con el lente del progreso, de "superar lo anterior", sino que dicha renovación implica una constante reflexión sobre el pasado para enriquecimiento y humanización de la persona.

El hombre o mujer que nace en estos tiempos tiene el privilegio de contar, para su preparación intelectual y como persona, con el acervo de conocimiento de todas las generaciones precedentes de la humanidad. Lo más atrayente de este asunto, es que sin importar el espacio-tiempo en que hayan surgido, hay aportaciones en los campos de las artes y las humanidades, que la historia se ha ocupado de mantener vigentes y que se renuevan gracias a la resonancia que encuentran en tiempos postreros.

Cómo prescindir de las aportaciones de pensadores como Sócrates o Platón; de literatos como Shakespeare, Cervantes o -en tiempos recientes- Borges o García Márquez; o de filósofos como Kant, Heidegger o el mismo Derrida. Todos ellos vivos, vigentes, a través de sus obras; y de repente encontrando eco de sus palabras, en aquellos que en estos tiempos se atreven a fusionar los horizontes de esas reflexiones -convertidas en conocimiento humano- que la historia misma, poco a poco, se ha encargado de validar.

La fusión de horizontes, enseña Gadamer, no es más que echar mano del camino andado por otros -de manera reflexiva y prudente-, sin importar el tiempo en que lo hayan hecho, para amalgamar sus aportaciones –horizontes- y proponer la construcción de un conocimiento complejo y renovado de los fenómenos humanos en un presente cambiante, que sigue, a su vez, abriéndose a la imparable creación de otros horizontes.

En el oficio de diseñar arquitectura -o más precisamente en el proceso creativo o *hacer* de las obras arquitectónicas-, que al parecer es donde se vislumbra la esencia de las obras, esa fusión de horizontes obedece al trabajo, no solo interdisciplinario sino transdisciplinario en donde el diseñador o arquitecto echa mano de las aportaciones de otros campos del conocimiento para agudizar su mirada hacia y sobre el verdadero objeto de estudio del oficio de la arquitectura que es: *el Habitar humano.*

Es en ese *hacer arquitectónico* –proceso creativo- donde el arquitecto potencializando las cualidades reflexivas, simbólicas, imaginativas y poéticas, propias de la psique humana, puede entretejer las fibras y las relaciones entre los aportes de los diferentes campos de conocimiento con el fin de que le ayuden a proponer respuestas espaciales – arquitectónicas- mucho más cercanas a la realidad, no solo de *lo otro* -la naturaleza, el contexto físico, geográfico y económico- sino, y sobre todo, de él otro, es decir, del ser humano como individuo y como ser social en sus contextos biológico, histórico, social, y psicológico.

En esto radica la aportación de las siguientes reseñas, en la invitación que se hace para abrir los horizontes del conocimiento de lo arquitectónico y fusionarlos con el aporte de otros campos del conocimiento como: la psicología, la literatura, la estética, la poética, los estudios de la cultura a través de la antropología y la sociología, y la misma teoría de la arquitectura; en pro de enriquecer –complejizar- el proceso del *hacer arquitectónico.*

Últimos apuntes de Mauricio Beuchot sobre hermenéutica analógica

JACOB BUGANZA TORIO

Introducción

Este artículo se propone comentar algunas de las últimas obras que Mauricio Beuchot ha escrito sobre la hermenéutica analógica, movimiento filosófico iniciado e impulsado por él, y que hoy alberga a un gran número de pensadores, entre los que destacan filósofos, pedagogos, antropólogos, sociólogos, psicólogos, psicoterapeutas, politólogos, etcétera. Este artículo será, en buena medida, una reseña bibliográfica, en el sentido de que se comentarán los últimos apuntes que ha hecho Beuchot sobre la hermenéutica analógica en dos obras: *Interculturalidad y derechos humanos* y *Puentes hermenéuticos hacia las humanidades y la cultura*.

La hermenéutica analógica es un movimiento filosófico originalmente, aunque ya se aprecia como un movimiento cultural, por no abarcar únicamente a la filosofía, sino a las humanidades y la cultura en general. Incluso, la hermenéutica analógica no ha sido aplicada exclusivamente a las humanidades, sino que también ha sido aplicada con éxito a otras áreas del saber, entre las que destaca el urbanismo y el turismo.

En un primer momento se reflexionará acerca de las anotaciones que hace Beuchot para resolver el problema del multiculturalismo y los derechos humanos a través de la hermenéutica analógica, a partir de la cual ha surgido el "pluralismo cultural analógico". En un segundo apartado, se verán los comentarios que Beuchot hace sobre las diversas aplicaciones de la hermenéutica analógica en varias ramas del saber.

El problema del multiculturalismo y los derechos humanos: el pluralismo cultural analógico

En un libro reciente titulado *Interculturalidad y derechos humanos*, el doctor Beuchot hace una aplicación muy concreta de la hermenéutica analógica que en los últimos años él ha propuesto. Esa aplicación la hace al problema que surge de la relación entre los derechos humanos y el multiculturalismo. Este problema surge precisamente porque puede haber modelos multiculturalistas que permitan todo tipo de prácticas culturales, esto es, buscar preservar todas las costumbres de un pueblo, sin observar que esas mismas prácticas culturales pueden llegar a violentar a la persona humana. También puede haber modelos unívocos culturales, globalizantes, que buscarían la homogeneización de todas las culturas.

Y es aquí precisamente donde Beuchot busca aportar una solución a este importante problema del multiculturalismo. Para ello, Beuchot recurre a la noción de analogía para proponer un modelo multiculturalista al que llama "pluralismo cultural analógico" [1]; este modelo busca inscribirse entre el multiculturalismo liberal (que privilegia los derechos individuales) y el multiculturalismo comunitarista (que privilegia los derechos grupales), tratando de salvaguardar los derechos individuales y grupales a la vez [2]. Y es que teniendo la analogía en su seno la tensión entre la semejanza y la diferencia (una tensión que no ha de romperse, puesto que si se rompe la analogía se desvanece), ha de procurar unos mínimos de semejanza (y de respeto) entre todas las culturas. Por ello, el autor hace la pregunta que ha de guiar su investigación en estos términos: "(habrá de estudiarse) la proporción en la que debe respetarse la diferencia y procurarse la semejanza entre las culturas" [3].

Además de los elementos mencionados, Beuchot recurre al concepto de derechos humanos, caracterizándolos como aquellos que tienen una vocación de universalidad irrenunciable. Beuchot no fundamenta en este libro dicha noción, pero sí remite a trabajos anteriores donde ha trabajado en torno a la fundamentación filosófica de los derechos humanos [4]. Pero, ¿en dónde quedó la hermenéutica como teoría de la interpretación? Precisamente será ésta la que permita evaluar las culturas, interpretándolas, criticándolas, viendo los aspectos favorables y los que han de ser modificados, esto es, cambiados [5]; de hecho, Beuchot resume la tarea de esta hermenéutica en dos funciones: la de aprender de las culturas, y la de criticar sus elementos [6]. Con estos elementos, Beuchot comienza a desarrollar paso a paso sus tesis a lo largo del texto.

Algo muy importante que puede resaltarse para comprender la tesis de Beuchot es que la analogía implica el concepto de límite. Es decir, si se rompe el límite la analogía deja de existir. Es como si la analogía estuviera compuesta de hilos; mayor será el número de hilos si mayor semejanza hay entre dos elementos (cosas, entes, realidades, etcétera); pero si se rompe el último de los hilos deja de haber analogía entre dichos elementos. Lo mismo sucede en el caso del multiculturalismo: puede haber permisividad y promoción de otros valores distintos a los propios (que se viven de hecho en un ambiente plural); pero habrá algo que marque el límite último, algo que no ha de ser roto o violado (porque de hecho si se viola ese algo el pluralismo cultural se viene abajo), y ese algo son precisamente los derechos humanos. "Los derechos humanos sirven de límite al pluralismo cultural, pero el pluralismo cultural es el ámbito donde ellos se realizan" [7]. Esto es, los derechos humanos han de ser respetados, pues son ellos los que promueven el pluralismo. Es un pluralismo limitado, analógico, porque no permite precisamente la violación de los derechos fundamentales.

El problema multicultural es que muchas culturas violan sistemáticamente los derechos humanos (los derechos de la mujer, de los niños, el derecho a la vida, etcétera). Y es precisamente una hermenéutica, una hermenéutica analógica como la que propone Beuchot, la que permite el diálogo intercultural para lograr aprender (comprender) a las culturas, pero también permite criticarlas, para ver qué aspectos suyos han de modificarse para alcanzar un mundo más abierto, pero a la vez más respetuoso.

Ante ello surge la pregunta de cómo alcanzar ese mundo más abierto y respetuoso. Y Beuchot sugiere que debe haber, como en la analogía de atribución, un modelo o primer analogado ("analogado principal"). Ese modelo es, precisamente, una cultura "en la que se realizan los derechos humanos; éstos son elementos fundamentales de ese modelo" [8]. Esta respuesta la formula

Beuchot a un señalamiento que le hizo Vattimo en el marco del "First International Congress on Hermeneutics", cuando es cuestionando el modelo que ha de seguirse para las culturas. Hay que promover y propiciar lo constructivo de las culturas, y rechazar lo destructivo de éstas. Y lo mejor que puede promover una cultura es, precisamente, los derechos humanos (los individuales y los grupales, siempre y cuando no lesionen a la persona en sus derechos fundamentales que aparecen, como se ha dicho, como el límite analógico de las prácticas culturales).

Otro punto interesante es la convergencia conceptual que puede darse entre los mínimos de justicia que ha remarcado, entre otros, Adela Cortina. Beuchot propone que el derecho a la diferencia debe darse, pero este derecho no puede ser absoluto e irrestricto. "Se da dentro de cierta búsqueda de identidad o igualdad, que permite la justicia" [9]. Eso mínimo, esa ética mínima en otros términos, son los derechos humanos. Ellos aparecen como obligatorios si se es fiel a la concepción de los derechos humanos que nuestro autor tiene [10]. Por ello, Beuchot rescata y reelabora la distinción de Walzer con respecto a la ética de justicia y la ética del bien o de los bienes. La justicia iguala a todos, mientras que los bienes o la vida buena a veces está restringida a unos cuantos (estos bienes se refieren a las formas de vida). Por ello Beuchot remarca constantemente los derechos comunitarios, los derechos grupales (que se refieren a las formas de vida). Estos últimos, aunque no todos los autores lo consideren así, son también derechos humanos que han de estar en armonía con los derechos humanos fundamentales (los individuales). Sin embargo, y habría que pensar en una respuesta a partir de los planteamientos precedentes, podría caber la pregunta de si los derechos grupales o comunitarios dentro de un estado (entiéndase un país, por ejemplo) no se volverían injustos frente a los otros individuos que son ajenos a cierto grupo cultural. Porque pudiera parecer injusto que un grupo de personas gocen de ciertos derechos (comunitarios) y otros no por no pertenecer a ese grupo cultural. Es una pregunta que está presente en la discusión, aunque sin una respuesta todavía definitiva.

Finalmente, Beuchot también trata el problema de qué hacer con los grupos o comunidades que sistemáticamente (entiéndase culturalmente) violan los derechos humanos fundamentales. En primer lugar, y es lo más deseable, Beuchot propone un cambio mediante la educación. Es decir, propone una educación que se base en la promoción de los derechos humanos. Pues una persona podrá ver lo deseable que puede ser vivir en una sociedad que los respete. La razón del hombre (entiéndase en un sentido facultativo o antropológico) verá la práctica de los derechos humanos como algo digno de seguirse y, en consecuencia, la voluntad seguirá el sendero que la razón le indique. Pero, ¿qué sucede con quienes, a pesar de ser instruidos en este respeto a los derechos humanos (que algunos otros autores podrían considerar como hacer violencia a los miembros de algunos grupos culturales), no los sigan, promuevan y practiquen? En ciertos momentos Beuchot sugiere que debe obligárseles [11]. Son casos extremos, ciertamente, aunque hace falta seguir conceptualizando y reflexionando sobre este asunto.

Como se aprecia, este nuevo libro del doctor Beuchot ofrece una propuesta viable en el problema de la mediación que se da entre los derechos humanos y el multiculturalismo. Propuesta que merece ser discutida y analizada con todo detenimiento.

La hermenéutica analógica y sus diversas aplicaciones: los puentes interpretativos

Mauricio Beuchot también comenta, explora y desarrolla su propuesta filosófica con otros filósofos para ensancharla cada vez más. Hay un libro recién publicado, titulado *Puentes hermenéuticos hacia las humanidades y la cultura*, donde hace estos comentarios. El título del libro conviene muy bien porque lo que Beuchot establece son, precisamente, puentes interpretativos hacia diversas áreas de las humanidades y la cultura en general (por ejemplo, hacia la psicología, la pedagogía, la filosofía de la cultura, la política, la literatura, etcétera). Y esos puentes, hay que decirlo, los traza Beuchot siguiendo muy de cerca a quienes han discutido y ensanchado al movimiento de la hermenéutica analógica, a quienes cita y comenta.

El primer capítulo, muy conveniente, es una exposición sucinta de lo qué es la hermenéutica analógica. La primera característica es que la hermenéutica analógica es expuesta como una teoría de la interpretación equilibrada, que busca superar las hermenéuticas univocistas o cientificistas y las hermenéuticas equivocistas (tan propias de la posmodernidad), dado que las primeras rayan en querer interpretar todo de manera clara y distinta, con un conocimiento omniabarcante de lo interpretado; mientras que las equivocistas se hunden en el irracionalismo y en el encasillamiento, en donde toda interpretación es válida. En cambio, "la analogicidad hace que la hermenéutica analógica no se quede en una única interpretación como válida, pero tampoco en todas como válidas y complementarias" [12].

Otra característica que ve Beuchot en la hermenéutica analógica es la matización, es decir, la hermenéutica analógica como una teoría de la interpretación matizada. Lo que quiere expresar Beuchot con esta idea es que en la hermenéutica analógica se debe ejercitar el *distingo*, que ayuda a no caer en el equívoco. Esto es, "Distingue y diversifica los sentidos, para evitar sobre todo el equívoco" (este elemento me parece puede ser llamado también sutileza), elemento que parece heredar de filósofos de la talla de Aristóteles y Santo Tomás de Aquino.

Finalmente, la hermenéutica analógica tiene relación con la ontología, una relación que en la posmodernidad y en las hermenéuticas equivocistas buscó disolverse. Beuchot, a este respecto, comenta el *dictum* de Nietzsche "No hay hechos, sólo interpretaciones", proponiendo que lo que hay son hechos interpretados. "Ni hechos puros, sin interpretaciones, como querían los positivistas, no interpretaciones puras, sin hechos, como pretendían los románticos" [13]. Más bien, hay hechos, hay algo ontológico que se presupone en la interpretación. De hecho, bastaría la pregunta sobre qué se interpreta, esto es, la interpretación tiene que ser de algo (y ahí hace referencia a algo ontológico), aunque esa interpretación sea limitada, matizada, proporcional o analógica.

El segundo capítulo comenta y explora las diversas aplicaciones de la hermenéutica analógica en la psicología. Beuchot trae a colación diversos trabajos de Nora María Matamoros, Luis Álvarez Colín y Napoleón Conde. Revisa detenidamente cada una de sus tesis, y concluye la importancia del símbolo en la psicología, en especial como configuradora de la acción. Beuchot ve con buenos ojos la aplicación que estos autores han hecho de la hermenéutica analógica para la interpretación de los símbolos e íconos que tanta repercusión tienen en la conducta del hombre.

El tercer capítulo, que sigue el mismo tono del segundo, comenta las aplicaciones de la hermenéutica en el psicoanálisis. Acota el propio Beuchot mencionando que no se ha aplicado a toda la corriente psicoanalítica, "pero sí en la que entronca con la de Freud y Jung" [14]. Son muchos los pensadores que han aplicado la hermenéutica analógica en este campo, mencionando a Felipe Flores, Ricardo Blanco, Luis Álvarez Colín, César Gordillo Pech, Napoleón Conde, Víctor Hugo Valdés y Fernanda Clavel. Hay mucha relación entre la hermenéutica y el psicoanálisis, pues esto último es fundamentalmente interpretación. Se interpretan los sueños, los actos fallidos, los chistes, las asociaciones y la transferencia [15]. En este mismo tema, es muy clara la importancia de la interpretación sobre el símbolo o ícono que puede hacer una hermenéutica analógica; también es importante el equilibro analógico que debe darse entre las pulsiones thanáticas y eróticas para lograr ser un ser humano proporcional, equilibrado y realizado; igualmente, la analogía puede servir de mediadora interpretativa en los conceptos del psicoanálisis para no caer en un univocismo o equivocismo conceptual [16].

El siguiente capítulo es un recuento de cómo se ha aplicado la hermenéutica analógica a la pedagogía. De hecho, esta teoría ha tenido ya ramificaciones y encuentros con otras posturas en este ámbito, destacando entre ellas la hermenéutica analógico-barroca y la pedagogía de lo cotidiano, cuyos principales representantes son Samuel Arriarán y Luis Eduardo Primero, respectivamente. Arriarán tiene un libro compilatorio con Elizabeth Hernández, titulado *Hermenéutica analógico-barroca y educación*, que comenta pormenorizadamente Beuchot. De Primero, Beuchot comenta brevemente dos trabajos: *Emergencia de la pedagogía de lo cotidiano* y *Epistemología y metodología de la pedagogía de lo cotidiano*. Con ellos, Beuchot destaca que una hermenéutica analógica de la pedagogía de lo cotidiano sirve como mediadora entre lo concreto (la vida cotidiana) y lo abstracto, que es la teoría que busca hundir sus raíces en lo concreto o cotidiano, dado que una pedagogía que no sirve para la vida cotidiana no sirve en absoluto [17]. Para finalizar el apartado, el autor comenta brevemente la pedagogía analógica que impulsa Napoleón Conde, teorizando sobre la teoría pedagógica en general y en la didáctica jurídica en lo particular.

Viene inmediatamente otro capítulo que versa sobre la hermenéutica analógica, la antropología y la filosofía de la cultura. El primer apartado comenta la aplicación de la hermenéutica analógica en la antropología teórica, en donde el autor comenta el libro *Antropología y analogía* de Sofía Reding, destacando que su investigación busca integrar lo universal y lo particular en un mismo ámbito. Viene después un apartado sobre la hermenéutica analógica aplicada al estudio del símbolo y el mito, entendiendo por este último una especie de símbolo y, dado que la hermenéutica analógica tiene como complemento lo icónico, y siendo lo icónico lo simbólico, luego una hermenéutica analógica es la que más conviene para interpretar el mito. Inmediatamente después aparece un apartado sobre la hermenéutica analógica y la filosofía de la cultura.

En este punto, Beuchot menciona que la hermenéutica analógica se ha aplicado en dos aspectos de la filosofía de la cultura: 1) en la filosofía de la cultura en cuanto tal y 2) en el problema del multiculturalismo. En cuanto al primer tema, Beuchot trae a colación las reflexiones de Dora Elvira García González contenidas en su libro *Hermenéutica analógica, política y cultura*, destacando el tratamiento que ella hace del concepto de racionalidad, buscando una racionalidad que a la vez haga caso de la situación (esto es, una racionalidad situada), pero que no olvide lo universal, o como lo dice Beuchot "sin disolver los elementos de universalidad que se necesitan, como son la justicia y los derechos humanos" [18]. Estos elementos tienen que estar por encima del relativismo cultural que hoy en día está tan propagado [19]. Apunta Beuchot a continuación cuáles han sido los desarrollos en cuanto al multiculturalismo y la hermenéutica analógica (de la cual ya se han extraído muchas teorías, llamando Beuchot a la suya "pluralismo analógico), donde se aprecia cierta cercanía entre las reflexiones de García González y Caleb Olvera.

Por otro lado, José Alejandro Salcedo Aquino ha trabajado también el problema del multiculturalismo desde la hermenéutica analógica, escribiendo ya tres libros sobre el asunto (Beuchot comenta, en este apartado, dos de ellos), quien no sólo recupera tesis y autores de otras corrientes, nacionales y extranjeros, sino que hace una construcción propia sobre este problema, con la apertura e integración que le permite la hermenéutica analógica.

El siguiente capítulo estudia un tema muy tratado por Beuchot en otros trabajos, que es el de la fundamentación filosófica de los derechos humanos, y busca el autor ver cómo se han fundamentado a partir de la hermenéutica, concretamente de la hermenéutica analógica. La primera sección de este capítulo habla de un libro de Jesús Antonio de la Torre (cuyo título es *Derechos humanos desde el iusnaturalismo histórico analógico*), destacando que hay una complementación entre lo histórico y el iusnaturalismo (aunque algunos vean esto como una contradicción), dado que la naturaleza humana se da en la historia, pues "ya la misma idea griega de la naturaleza o Physis era dinámica y concretizada en los particulares, no estática y abstracta" [20] como la de los modernos, especialmente de los racionalistas. El libro de De la Torre es muy completo, y vincula el pensamiento personalista (los derechos no son del individuo, sino de la persona), a Lévinas (los derechos del otro hombre o persona), a Dussel (la filosofía de la liberación y la analéctica) y otros más. Después Beuchot comenta un libro compilatorio de Napoleón Conde (titulado *La filosofía de los derechos humanos de Mauricio Beuchot. Exposiciones y polémicas*), donde destaca la característica de la analogicidad dentro del iusnaturalismo, pues no cae en el ontologismo ni en el hermeneuticismo; más bien, las conjunta a las dos. Por ello, "la analogicidad puede manifestarse como una posición que no tenga la rigidez de los iusnaturalismos ilustrados o modernos, pero que tampoco se quede con la sola positivación. Será un iusnaturalismo moderado, el cual sostendrá la necesaria universalidad de los derechos humanos, pero exigiendo también que se den en su contexto cultural y sociopolítico, único en el cual pueden ser comprendidos a cabalidad" [21]. Del libro compilado por Napoleón Conde, Beuchot comenta otros trabajos, como los de Caleb Olvera y Sofía Morales. Igualmente pasa revista a algunas tesis de Alejandro Martínez contenidas en su libro *La hermenéutica analógica y la emancipación de América Latina*, especialmente aquellas que hacen referencia a los derechos humanos, la democracia y los riesgos de los totalitarismos y las pseudodemocracias (como algunas de América Latina).

El siguiente capítulo examina las conexiones entre la hermenéutica y la política, haciendo Beuchot la salvedad de que la realidad también se interpreta y, agrego yo, puede y debe cambiarse en algunos casos. El primer apartado habla de la hermenéutica crítica de Adela Cortina y Jesús Conill, cuyo nombre de "crítica" viene dado porque se dedica a criticar la cultura y las instituciones socio-políticas, tratando de conjuntar dos momentos de reflexión ética: el momento aristotélico o de deliberación sobre los medios para alcanzar un cierto fin (que en última instancia es la felicidad humana), y el momento kantiano, el del imperativo y la obligación, en donde cierta acción debe darse para alcanzar el fin deseado (todo esto mediado gracias a la ética discursiva, tan bien estudiada por Cortina). Además, esa hermenéutica crítica puede conjuntarse con una hermenéutica analógica, que es objeto del segundo apartado del capítulo, y donde Beuchot retoma las reflexiones de Francisco Arenas-Dolz y su libro *Hacia una hermenéutica analógico-crítica*. Ahí, Beuchot destaca las cualidades de Arenas-Dolz, así como sus estudios, que van desde la retórica en Aristóteles, hasta la hermenéutica actual, conociendo y cultivando la hermenéutica crítica de Cortina y Conill. Todo esto con la consigna de "unir la línea aristotélica con la kantiana, tal vez en ello puede sintetizarse el afán de la hermenéutica analógico-crítica" [22]. Es una hermenéutica analógico-crítica que critica a la instituciones sociales y a la cultura; una crítica similar a la nietzscheana, pero proponiendo lineamientos por donde avanzar [23].

El último apartado de este capítulo está dedicado a comentar las tesis de un hermeneuta mexicano, Guillermo Michel, a partir de su libro *Entre-lazos. Hermenéutica existencial y liberación*. En este texto, Michel destaca que la hermenéutica no sólo ha de ser comprensión, sino también puede servir como instrumento de transformación; aspira a ser un conocimiento comprometido con la realidad social y, por ello, una hermenéutica de liberación. Ahí ve la conexión Michel entre la hermenéutica de la liberación (que es una hermenéutica existencial) y la hermenéutica analógica, pues ésta busca recuperar lo más que se pueda lo real (y, por ello, la verdad de la interpretación). Se busca con ello una hermenéutica comprometida, una hermenéutica que dé caminos (y utopías, en cierto sentido) para transitar hacia un mundo más deseable [24]

El último capítulo, ya muy breve, busca exponer las aplicaciones de la hermenéutica analógica en la literatura y el arte. En cuanto a la literatura, Beuchot comenta los trabajos de Caleb Olvera

(*Hermenéutica analógica y literatura*) y Jorge Ávila (*El sentido de la analogía en "El Aleph" de Jorge Luis Borges*) en quienes ve sutileza para interpretar y hacer innovación en la hermenéutica literaria. Finalmente, Beuchot revisa rápidamente un libro de Napoleón Conde titulado *Dos aplicaciones de la hermenéutica analógica: el urbanismo y el turismo*, en donde se busca la conjunción equilibrada entre el funcionalismo y el esteticismo de la arquitectura y el urbanismo.

Se aprecia cómo Beuchot vincula y recupera las reflexiones que otros pensadores han hecho sobre los diversos temas o aspectos en donde la hermenéutica analógica ha sido aplicada, haciendo aportaciones personales. Con ellos, Beuchot ensancha o agranda los cauces de la hermenéutica analógica, que es uno de los movimientos filosóficos más importantes surgidos en América Latina en los últimos años, con aportaciones serias y novedosas de este movimiento, y con aplicaciones en ámbitos concretos que cada vez van convenciendo a más.

Conclusiones

Como se aprecia, puede decirse que la hermenéutica analógica es una teoría filosófica que está en crecimiento. Está en proceso de mejora y de crítica, y que debe considerársele como un aporte intelectual muy valioso, pues está dando frutos en cuanto aplicación en muchos campos del saber, especialmente en las áreas humanísticas y de la cultura, aunque también se le ha aplicado a áreas como el urbanismo y el turismo.

El hecho de que una teoría se aplique, o busque por lo menos aplicarse, es signo de que tiene mucho futuro. Malo sería que nadie la tomara en cuenta, que ni se le criticara, ni se le apoyara y menos aún que se aplicara. Más bien es lo contrario: la hermenéutica analógica está siendo objeto de importantes discusiones y aplicaciones, no sólo en México, sino otros países, como Colombia, Argentina, España y Rumania. En este artículo, que en buena medida podría ser considerado de reseña bibliográfica, se ha visto cómo Beuchot recupera esas aportaciones para enriquecer lo que ya no es solamente su teoría, sino la de muchos otros pensadores, pues la comparten, la critican y la enriquecen.

Notas

1. Beuchot, Mauricio, "Puentes hermenéuticos hacia las humanidades y la cultura", México: Eón/Universidad Iberoamericana, 2006, p. 14.
2. Beuchot, *op. cit.,* p.16.
3. Beuchot, *op. cit.,* p.14.
4. Beuchot, Mauricio, "Derechos humanos. Historia y filosofía", México: Fontamara, 2001.
5. Beuchot, Mauricio, "Interculturalidad y derechos humanos", México: Siglo XXI/UNAM, 2005, p. 21.
6. Beuchot, *op. cit.,* p.28.
7. Beuchot, *op. cit.,* p.32.
8. Beuchot, *op. cit.,* p.40.
9. Beuchot, *op. cit.,* p.43.
10. Beuchot, *op. cit.,* p.44.
11. Beuchot, *op. cit.,* p.43.
12. Beuchot, Mauricio, "Puentes hermenéuticos hacia las humanidades y la cultura", México: Eón/Universidad Iberoamericana, 2006, pp. 15-16.
13. Beuchot, *op. cit.,* p.20.
14. Beuchot, *op. cit.,* p.40.
15. Beuchot, *op. cit.,* p.48.
16. Beuchot, *op. cit.,* p.56.
17. Beuchot, *op. cit.,* p.68.
18. Beuchot, *op. cit.,* p.81.
19. Beuchot, Mauricio, "Derechos humanos. Historia y filosofía", México: Fontamara, 2001.
20. Beuchot, *op. cit.,* p.86.
21. Beuchot, *op. cit.,* p.90.
22. Beuchot, *op. cit.,* p.103.
23. Beuchot, *op. cit.,* p.104.
24. Beuchot, *op. cit.,* p.107.

Bibliografía

Beuchot, Mauricio, "Puentes hermenéuticos hacia las humanidades y la cultura", *México:* Eón/Universidad Iberoamericana, 2006.

_____, "Interculturalidad y derechos humanos", México: Siglo XXI/UNAM, 2005.

_____, "Derechos humanos. Historia y filosofía", México: Fontamara, 2001.

"Arte y poesía"
de Martin Heidegger
Fondo de Cultura
Económica, México, 1992

KARINA CONTRERAS CASTELLANOS

La arquitectura tiene capacidad poética

"Todo arte es en esencia poesía" [1] es una de las ideas primordiales que se desarrollan en las páginas del libro "Arte y poesía" de Martin Heidegger. El cual fue originalmente editado en alemán en 1952 y en castellano fue distribuido por vez primera en el año de 1973 con la traducción del filósofo mexicano Samuel Ramos.

Martin Heidegger fue un filósofo alemán que con la trascendencia de su obra ha sido una figura protagónica en el desarrollo de pensamiento occidental del siglo XX. Sus disertaciones principalmente abarcaron las corrientes del existencialismo y la fenomenología, y el tema del cuestionamiento del fundamento del ser, pregunta central en la filosofía occidental. Por lo que, con ello, cambia el enfoque de las preconcepciones filosóficas tradicionales. Autor prolífico que incidió en los más diversos campos de conocimiento humano, como la estética y la arquitectura.

Antes de iniciar de lleno con el libro, me gustaría mencionar, que al iniciar la odisea de la incursión en el estudio de la maestría, uno se encuentra con que hay que probar otras maneras de aproximarse a los problemas de diseño arquitectónico. La inercia de la formación en la licenciatura a veces resulta reductiva si uno se queda reflexionando sobre la arquitectura sólo desde la arquitectura. El conocimiento humano si bien puede requerir especializaciones es un todo complejo, y todas las áreas repercuten entre sí. Así, en lo personal, he tenido la oportunidad de acercarme a otras disciplinas en el curso de mis estudios de posgrado, buscando estas otras perspectivas enriquecedoras. Entre mis inquietudes el campo de la filosofía se presentaba (y aún lo hace) como un mundo cuya complejidad impone. Pero al ir más allá del prejuicio de lo que no se conoce, de lo que parece difícil o inconexo con nuestro quehacer, se abren puertas que nos llevan a descubrir caminos enriquecedores. Así abordé a Heidegger, uno de los pensadores que en mí y en mi investigación ha hecho eco y resonancia.

Si bien es un filósofo intrincado y de conceptos muy profundos, parece que a los que nos relacionamos con lo arquitectónico nos hablara directamente. En su texto (maravilloso para empezar a introducirse al pensamiento filosófico del autor), que resulta de una conferencia que presidió en 1951, conocido como "Construir, habitar, pensar", habla de esta triada como indivisible en la existencia humana. Y marca las pautas, que ningún arquitecto antes había descrito de tal manera, para sentar la base de una definición profunda de la habitabilidad humana: "Habitar es como los mortales son en la tierra" [2]. Para ser y desarrollarse se requiere la libertad y encontrar las cualidades apropiadas para estar en paz, sentirse protegido, abrigar, cultivar, cuidar y erigir así como construir. De ahí que acercarse a la obra de Heidegger es imprescindible para reflexionar sobre conceptos arquitectónicos en los que es necesario hacer énfasis y ahondar como base del ejercicio profesional.

En el caso del libro "Arte y poesía" nos ofrecer la ocasión para explorar sus conceptos sobre estética, el arte y lo poético. Es en realidad una recopilación de dos ensayos: "El origen de la obra de arte" de 1952 y "Hölderlin y la esencia de la poesía" de 1937.

En "El origen de la obra de arte", el autor nos lleva paso a paso desde la génesis del objeto artístico y la labor del creador hasta la búsqueda de la esencia del arte. Y se desarrolla en cinco apartados que son los siguientes.

El primero, "El origen de la obra de arte" desarrolla la idea de que el propio arte es el origen tanto de la obra como del artista. Y lo describe así: "El artista es el origen de la obra. La obra es el origen del artista. Ninguno es sin el otro. Sin embargo, ninguno de los dos es por sí solo el sostén del otro." [3] Ambos elementos están separados pero unidos por el tercer elemento, el arte, el cual debe inferirse en la obra para que ésta pueda llamarse artística. De ahí que la formación del artista, en este caso del arquitecto sea vital, pues él recorrerá el camino del proceso creativo para llegar a propuestas de dimensión artística.

En seguida en "La cosa y la obra" parte de un término alemán que se traduce como lo "cósico de la cosa", que se refiera a encontrar la esencia de las cosas, entre ellas de la obra de arte. En este capítulo Heidegger nos lleva a un recorrido a través de sus palabras donde dibujamos en nuestra mente lo que describen, como el cuadro de los zapatos viejos de labriega pintados por Vincent Van Gogh. Nos habla de él para ilustrar que los objetos, en este caso los zapatos, sólo son útiles si pueden convertirse en "seres de confianza". Esto trasladado a la arquitectura nos puede hablar de un espacio que es habitable no sólo porque estamos en él, sino porque lo podemos hacer nuestro, y en la apropiación sentirnos libres y en paz en él. Así lo hacemos un ser de confianza a la manera de Heidegger. Una obra, sólo será útil si se vuelve significativa para la existencia humana, así develará su verdad y esencia, como lo explica en el siguiente capítulo del libro.

En "La obra y la verdad" nos habla de cómo en las obras artísticas está en operación el acontecer de la verdad, de la esencia. Heidegger explica este acontecer de la verdad o de la esencia con un templo griego. Por sí mismo como objeto físico no representa nada, pero si mediante el templo el ser humano se contacta con lo divino, entonces también será la delimitación de lo sagrado. Esa es la esencia de un templo, se pone en operación la relación divina, es el lugar donde dios habita y el hombre lo encuentra, donde dialogan más directamente.

Posteriormente, en "La verdad y el arte" refuerza ideas como que el origen es la fuente de la esencia de las cosas, o sea la verdad, la cual siempre tiene una connotación iluminativa o mística. El arte es el origen del artista y la obra de arte. En la obra está en operación el acontecimiento de la verdad, porque ahí se revelará el ser oculto, a manera de un ser vivo que el artista ayuda a desentrañar en el acto creativo. Esta verdad se revelará en la obra terminada, y en el caso de la arquitectura, cuando el espacio se revele como habitable. A su vez la esencia descubierta será la que, quien experimente la obra, podrá percibir más allá de sus cinco sentidos externos, hasta sus dimensiones sensibles y espirituales. Esto sobre todo lo hace la poesía, la cual trasciende la realidad física y con el lenguaje y sus metáforas ayuda a instaurar nuevos mundos, y a ampliar lo significativo de la existencia humana.

Por ello, para Heidegger, la poesía más que ninguna otra manifestación artística, está directamente vinculada con la verdad y la esencia divina de la vida, y nos dice, "todo arte es en esencia poesía." [4]

Sí "todo arte es en esencia poesía," [5] entonces la arquitectura es capaz de poetizar desde su dimensión artística partiendo desde el proceso de diseño y la reflexión. La arquitectura crea espacios que pueden propiciar una poética del habitar, con su propio lenguaje, el de muros y vanos, volúmenes, juegos de luz, textura y color, que crean recorridos con sus matices y pausas. Dar poesía para provocar y contribuir a la construcción de la vida como obra de arte, sería proveer de una arquitectura capaz de trascender su tridimensionalidad física para con ello favorecer que su habitante tenga experiencias significativas, en lo cotidiano y lo extraordinario.

Al final de esta primera parte del libro se incluye un epílogo a manera de resumen y conclusiones.

El segundo ensayo incluido en el libro se titula, "Hölderlin y la esencia de la poesía." Friedrich Hölderlin fue un poeta alemán del siglo XIX que Heidegger toma como referencia en sus estudios sobre la poesía. Y como él mismo lo menciona en el texto, lo elige, no porque este poeta representa la esencia total de la poesía, sino porque "su poesía está cargada con la determinación poética de poetizar la propia esencia de la poesía... es el poeta del poeta" [6]. El filósofo estudia la obra de Hölderlin y propone en este texto, lo que él llama "las cinco palabras guía" como premisas extraídas del análisis de la obra de este artista:

Poetizar, la más inocente de todas las ocupaciones, pues la poesía es sólo como un sueño, un juego inocuo de palabras sino se lleva a la acción. Pero su materia prima, el lenguaje no es tan inocente, y de ahí viene la segunda guía.

Y se ha dado al hombre el más peligroso de los bienes, el lenguaje para que muestre lo que es. Se refiere a que el lenguaje es un bien y puede representar un peligro si se distorsionan sus mensajes y se utiliza para manipular, pues tiene el poder de comunicar.

Somos un diálogo y podemos oír unos de otros. El lenguaje comunica, es habla, y cuando ya forma un diálogo con otro, nos relacionamos con nuestros semejantes. Por medio del diálogo expresamos nuestras experiencias en incluso nombramos a nuestros dioses, es nuestra manera de relacionarnos y expresarnos en el mundo como seres individuales.

Pero lo que queda lo instauran los poetas. El lenguaje instaura lo permanente. Incluso "el poeta nombra a los dioses y a todas las cosas en lo que son" [7]. Esto es que con el poder de las palabras, la poesía logra trascender lo físico, crea metáforas que van más allá de la llamada realidad, donde lo importante no reside sólo en lo dicho, sino en lo que esto sugiere para que la imaginación lo termine de construir. Queda un territorio por descubrir en cada individuo, donde a partir de lo que lo poético despierta, terminamos de crear en nosotros, tejiendo pensamiento y emotividad.

Pleno de méritos, pero es poéticamente como el hombre habita esta tierra. La quinta y última guía que parece cerrar con broche de oro las ideas que hemos explorado en Heidegger. Habitar poéticamente significa "estar en la presencia de los dioses y ser tocado por la esencia cercana de las cosas," [8]. Es decir, por la verdad.

Este libro detona la reflexión de lo artístico como alimento del ser sutil que habita dentro del cuerpo humano. La existencia humana incluye esta dimensión profunda y poética, la cual es incapaz de desarrollarse plenamente si el espacio sólo se ocupa de alojar su tridimensionalidad corpórea. La poesía en arquitectura se libera cuando desde su creación, y en el desarrollo del proceso de diseño se le infunden las cualidades necesarias para realmente albergar al alma humana.

Notas

1. Heidegger, Martin; "Arte y poesía", México: FCE, 1992, p. 115.
2. Heidegger, *op. cit.*, p. 117
3. Heidegger, Martin; "Construir, habitar, pensar", Conferencias y artículos, Barcelona: Serbal, 1994, p.2. A partir del concepto del Buan o habitar ahí desarrollado.
4. Heidegger, Martin; "Arte y poesía", México: FCE, 1992, p. 35.
5. Heidegger, *op. cit.*, p. 96
6. Ídem.
7. Ídem.
8. Heidegger, *op. cit.*, p. 107.

Bibliografía

Heidegger, Martin, "Arte y poesía", México: FCE, 1992.

Heidegger, Martin, "Construir, habitar, pensar", Conferencias y artículos, Barcelona: Serbal, 1994. Recuperado de http://es.scribd.com/doc/4504611/HEIDEGGER-MARTIN-Construir-Habitar-Pensar Consulta electrónica: octubre 24, 2011.

"La sociedad del espectáculo" de Guy Debord
Pre-textos, Valencia, 2003.

KARINA CONTRERAS CASTELLANOS

Este documento fue sobre todo conocido a partir de los acontecimientos sociales y políticos de mayo de 1968 en Francia [1], aunque el libro ya había sido editado en 1967. La figura de Guy Debord siempre se asoció con un transgresor del sistema político y social del cual fue perseguido y por ello muchas de sus teorías del pensamiento no tuvieron la suficiente difusión en su momento.

Debord se formó en la ideología de las vanguardias artísticas de la primera mitad del s.XX. El dadaísmo era la base de la "Internacional letrista" [2] del que formó parte, y luego sobre algunas de estas ideas fundó la "Internacional situacionista" [3], movimiento cuya premisa pretendía superar el arte mediante su realización en la vida real [4]. Además el desarrollo del pensamiento de Debord, recibe gran influencia de pensadores como Hegel, Feuerbach, Marx y Lukács.

La sociedad del espectáculo es un texto que muestra el punto de vista crítico de Debord a una sociedad occidental enajenada por el sistema político económico del capitalismo de consumo desde los años sesenta, y cuyo análisis incluso se adelanta a su época para describir lo que hoy en día ya experimentamos como una realidad, inmersos en una sociedad de consumo espectacular todavía de manera más extendida, poderosa y manipuladora de masas. Las representaciones del mundo construidas a nuestro alrededor deforman la realidad, y nos alejan de una vida libre y plena, esta es una de las preocupaciones siempre presentes en las ideas de Debord. Para liberarnos del espectáculo en que estamos inmersos, que nos divide, nos reduce, nos hace sumisos frente a una división del trabajo y de clases en el mundo industrializado, Debord propone la construcción de individuos que cuestionen y tomen conciencia de su propia vida, para luego formar una unidad social fuerte, informada y alerta a la ensoñación que nos produce el sistema capitalista: que seduce y nos sobreestimula constantemente, con deseos creados, aspiraciones banales y una constante frustración por no ser capaces de llenar los vacíos espirituales creados en la enajenación y al pretender satisfacerlos sólo con mercancías.

Con un claro enfoque en la economía política y sus consecuencias sociales, especialmente en la crítica hacia el sistema de clases del capitalismo, este libro sigue vigente para un análisis crítico del sistema socio económico y político en el que vivimos y del que somos parte. Es un texto para detenernos a pensar sobre la consciencia y la construcción individual y como alimentamos a la estructura que nos rige y aniquila la vida propia cuando carecemos de un actuar reflexivo. Extendido a todos los campos del conocimiento humano que forman parte de este sistema, el fenómeno arquitectónico no queda exento. El cuestionamiento es vital para el quehacer arquitectónico a priori y posteriori, para dejar de hacer sólo mercancía los espacios arquitectónicos y a sus usuarios, elevarlos a habitables y a personas plenas.

El texto se desarrolla en 9 capítulos, y cada uno va desplegándose en incisos llamados tesis, donde, de manera breve, resumen una idea que va construyendo el tema central de cada sección.

La separación perfecta

En este capítulo se reflexiona sobre como el espectáculo (no es sólo el engaño de un mundo visual, sino una visión manipulada y deforme) ha proliferado como representación del mundo real. Así existe la separación entre lo real, que requiere de las vivencias significativas para ir conformando la existencia compleja y plena del individuo y un pseudomundo que adormece la vida, la experiencia, el cuestionamiento, construcción del ser y promueve la mera contemplación, la sumisión, lo banal, lo ficticio y un existir autómata, sin sentido, generando vacíos que sólo se aspiran a ser llenados por las mercancías de las necesidades creadas del sistema socioeconómico.

La mercancía como espectáculo

La adoración a la mercancía ha llegado al grado de fetichismo en la sociedad occidental. Cada vez más efímeros los productos, las modas, diseñadas para la obsolescencia planeada, que nos lleva a consumir más y más rápido.

Unidad y división en la apariencia

La sociedad moderna tiene una unidad aparente basada en la división y el desgarramiento. Divide en clases económicas y sociales, hay división en el trabajo, incluso entre países según su grado de industrialización. En la eterna representación, nos otorga incluso falsos modelos de revolución, de bienes, de valores, que nunca nos llevan a los objetivos de plenitud y evolución. Nos hacen sentir siempre insatisfechos porque en realidad no pretenden que alcancemos la plenitud, sólo la frustración de la aspiración creada a la que nunca llegaremos.

El proletariado como sujeto y representación

Capítulo donde el autor revisa varios autores que lo influyen en sus ideas revolucionarias y sociales, bajo un seguimiento cronológico, enfocándose a la historia de las clases trabajadoras y la opresión de la que son objeto por los más poderosos. Analiza autores como Marx y Hegel, y a la burguesía y el proletariado como las clases revolucionarias de la historia de la sociedad occidental. El autor está a favor de la abolición de clases y la igualdad.

Tiempo e historia

Debord habla de que la sociedad ha hecho una temporalización del hombre, donde el tiempo es vital para que el hombre tenga una conciencia histórica. La historia ha existido siempre, pero no siempre de forma histórica. [5] La sociedad moderna es estática y tiene una concepción del tiempo pseudo cíclica (que prioriza los sistemas de producción político económicos), en contraposición del tiempo cíclico natural basado en el entorno y el sistema universal de la vida del que somos parte. El tiempo mismo nos agobia dentro de una sociedad que se ha apropiado del mismo para medir la producción humana, y así continuar con la división de la vida, en clases, en la temporalidad, de la que también nos convertimos en esclavos cuando la cronología sirve al sistema.

Pareciera que la visión moderna nos hace sentir imposibilitados frente al tiempo y la historia, inmóviles como sociedad, en lugar de ser los detonadores de la misma. Tiempo e historia están en manos del poder, y se manipula a su conveniencia.

El tiempo espectacular
Después de un recorrido histórico de los conceptos de tiempo, llega a formular el de tiempo irreversible de la producción o sea la medida de las mercancías, y profundiza en el tema. El tiempo de la producción, el tiempo-mercancía, es una acumulación de instantes equivalentes. Es la abstracción del tiempo irreversible, del cual cada segmento debe manifestar su igualdad meramente cuantitativa en el cronómetro. [6] Cuando el tiempo pierde lo cualitativo que forma las experiencias significativas de la vivencia humana, es entonces una mercancía intercambiable más: el tiempo es todo, el hombre no es nada. [7] Así, el tiempo merma el desarrollo humano y se convierte en su verdugo.

La ordenación del territorio
Sobre cómo el sistema capitalista ordena el espacio y el territorio. El sistema requiere de un ordenamiento para la acumulación de las mercancías producidas, y entre más se globaliza, hay que romper fronteras regionales y de legislación, y así se crea lo que Debord llama el espacio libre de la mercancía. Esta sociedad que suprime la distancia geográfica, concentra una distancia interior a modo de separación espectacular. [8] Se suprimen las barreras de territorio, pero en realidad la humanidad se halla separada en su enajenación. Ejemplos del control del espacio por el sistema son la industria turística y el urbanismo.

La negación y el consumo de la cultura
La cultura como un elemento más que se separa de la unidad humana, que divide lo intelectual de la masa, pero que a su vez se ha banalizado para convertirse en otro producto más (fin de la historia de la cultura), al que puede acceder el grueso de la población enajenado. Habla sobre la degradación del mito y del arte, los cuales antes eran lenguajes comunes de la comunidad,

hoy el arte y lo sagrado están separados y en cada expresión de ello también se halla una separación en lo individual, lo cual incide en la cultura moderna, y en la comunicación social. Marca al dadaísmo y al surrealismo como el final del arte moderno, para alcanzar en su época la superación del arte mismo por medio de las vanguardias, como camino alterno a la banalización del mismo y de la vida. Está a favor de realizar una obra de arte de la vida real misma.

La ideología materializada

La ideología diseñada para ir dirigiendo a la sociedad, Debord menciona como ejemplo, la que planeó el capitalismo y se materializó en la sociedad del espectáculo. El espectáculo es la ideología por excelencia, porque expone y manifiesta plenamente la esencia de todo sistema ideológico: empobrecimiento, servidumbre y negación de la vida real. El espectáculo es, materialmente, la expresión de la separación y del alejamiento de los hombres entre sí. La nueva potencia de engaño… [9] Crea esquizofrenia, falsa conciencia, pérdida de la individualidad y una confusión entre la vivencia real y lo ficticio.

Algunos puntos a priori y crítica (a posteriori) del diseño arquitectónico a partir del libro "La sociedad del espectáculo" de Guy Debord

En lo arquitectónico se tiene que entender la condición de la sociedad occidentalizada como espectacular, para desde el origen del proyecto proponer espacios habitables para promover la vida plena, donde el ser humano se desarrolle. Y no sólo proporcionar productos para satisfacer el mercado banal de consumo.

Priori/posteriori

Entender al mundo y al ser humano como una entidad compleja, no separada en fragmentos. Y desde ese punto diseñar. Priori.

El espectáculo es la afirmación de la apariencia, y la afirmación de toda vida humano o sea social, como simple apariencia. Tesis 10, pág. 40. Por lo tanto, cuando la arquitectura sólo produce productos comerciales de consumo, sin ética, ofrece productos meramente aspiracionales y vende status, lo que seduce a las masas del espectáculo. También propiciar el uso de materiales locales, para no alimentar el consumo innecesario de los que no sean adecuados a las condiciones del sitio del proyecto, afecten la economía local, o generen costos extra por abastecerlos de lejos. Evitar el uso de materiales que pretendan ficción de lo que no son. Priori/posteriori.

El espectáculo niega la vida (consumir y trabajar para evadir) y se basa en emplear el tiempo como ocio (medios de comunicación hipnotizan), divierte sin profundizar, para enajenar, para no hacer esfuerzos, para no pensar, crea una ensoñación de masas y una gran escenografía que confunde y forma una visión errónea del mundo, incluso de nosotros mismos, formando un círculo vicioso. Arquitectura crear más espacios para la vida, para la convivencia humana, para la introspección y menos para la enajenación masiva. Y aun cuando el proyecto sea un producto espectacular (centro comercial) dar opciones en el mismo para desarrollar otras actividades. Priori.

La dominación de la economía sobre la vida social degrada al ser en tener. Tesis 17 pág. 42. Y de ahí vales o parece que vales. No importa el presupuesto y magnitud del presupuesto, diseñar espacios dignos, más allá de clases sociales y dinero. Priori.

Si el mundo prioriza la imagen, entonces en lo urbano arquitectónico rescatar la estimulación de todos los sentidos y la sensibilidad humana. Priori.

En la contaminación visual en nuestras ciudades, diseñar, limitar, para dejar de agobiar con la sobreestimulación constante a sus habitantes. Priori/posteriori.

El espectáculo ha sustituido lo mítico y sagrado real, por el culto a lo superfluo, el consumo y el dinero. Desde lo arquitectónico analizar las necesidades creadas (lo aspiracional, los caprichos de lujo, etc.) contra las necesidades reales (vivienda dignificada para todos, espacios para la reconexión espiritual, etc.). Priori/posteriori.

El espectáculo con su constante agobio y persecución sobre nuestra percepción del mundo, es abrumadora, no da paz, quita el sueño, no deja descanso, respiro, coarta la creatividad, la inspiración y promueve la mediocridad y la pérdida de individualidad y criterio propio. Entonces nos hacen falta espacios que pausen el ritmo vertiginoso, de reencuentro con nosotros mismos, con los demás y con lo que nos rodea en equilibrio. El espacio en el espacio (cito a mi tema de investigación), donde el ser se construya a sí mismo. Priori/posteriori.

La sociedad capitalista promueve la separación, la especialización del poder y las jerarquías sociales y económicas, así nos divide y crea inequidad entre la sociedad. Se desconecta del mundo como una unidad. Aun cuando la disciplina arquitectónica está inscrita en el sistema, se puede reflexionar en dignificar los espacios que crea, haciéndolos habitables sin importar jerarquías económicas y sociales. Esto es, que se promueva la igualdad habitable para todas las personas. Priori/posteriori.

El sistema económico basado en el aislamiento es una producción circular de aislamiento. El aislamiento funda la técnica y en consecuencia el proceso técnico aísla. (Tesis 28, pág. 48). Enfatizar la creación de lugares para evitar el aislamiento nocivo: áreas verdes, lugares y rincones para que los niños jueguen de manera segura y se alejen del televisor, espacios para la comunicación familiar, recorridos peatonales, etc. Y también prescindir de la tecnología cuando no es necesaria, y sólo es para cubrir una carencia del diseño (aire acondicionado, por ejemplo). Priori.

…El espectador no se encuentra en casa en ninguna parte, es que el espectáculo está en todas partes. (Tesis 30 pág. 49). El habitante no se encuentra en casa ni en su propio hogar, siempre está rodeado de la sobre estimulación. Dar espacios de respiro a la mente y al espíritu. Priori

…Todo el tiempo y el espacio de su mundo se le vuelven extraños merced a la acumulación de productos alienados. El espectáculo es el mapa de este nuevo mundo. (Tesis 31 pág. 49). Si bien el diseño arquitectónico debe dar cabida a las necesidades humanas y ayudarle a ordenar su mundo, podríamos vivir con menos, si lo que se tiene es más eficiente, eso incluye los espacios habitables cualquiera sea su extensión. También manifestarse en pro de lugares con menos contaminación visual y donde las texturas y las cualidades de los materiales se conjuguen con estos objetivos de diseño para otros sentidos. Lugares ordenados, iluminados, cálidos, que ayuden a pacificar la ansiedad social. Priori.

Si vivimos en un sistema que diseña para la obsolescencia planeada, que sigue alimentando el consumo en las sociedades industrializadas, desde lo urbano arquitectónico podemos tomar la conciencia de ello y planear diseños perdurables y sustentables, que no requieran de constantes intervenciones para seguir consumiendo recursos, y donde las personas puedan echar raíces, apropiándose de los espacios donde encuentre un lugar seguro para habitar. Priori/posteriori.

En el espectáculo, en el cual el mundo sensible es sustituido por una selección de imágenes que existen por encima de él, y que se aparecen al mismo tiempo como lo sensible por excelencia. (Tesis 36 pág. 51). En arquitectura también la imagen domina sobre el contenido, muchos proyectos hoy en día, desde concursos estudiantiles hasta propuestas de los despachos espectaculares son sólo imágenes hechas con tecnología de punta, sin que sean espacios construibles, habitables o realmente resueltos. Se vende la imagen, no el contenido y mucho menos se toma en cuenta lo sensible real. Priori/posteriori.

La pérdida de lo cualitativo en los objetos en pos de lo cuantitativo (Tesis 38 pág. 52). En el diseño arquitectónico, cuidar la calidad aun cuando se produzca en cantidad. Por ejemplo, con la vivienda en serie, sobre todo la llamada de interés social, donde sólo se produce para abaratar costos, sin construir ni diseñar con calidad. Priori/posteriori.

Nuestro actual sistema político económico prioriza la tecnología y la automatización. En lo arquitectónico habrá que verificar cuando realmente sea necesario y no sea ni para ocultar las deficiencias de un buen proyecto arquitectónico, ni que consuma más recursos energéticos, o no considere el equilibrio del contexto natural y la incidencia que tiene en medio ambiente (social, natural, político, etc). También evitar el uso de aditamentos enajenantes donde, en lugar de simplificar la vida, nos hacemos más dependientes a la tecnología. Priori/posteriori.

La representación espectacular del hombre aglutina toda esta banalidad al concentrar en sí la imagen de un posible papel que desempeñar (la estrella). La condición de estrella del espectáculo es la especialización de la vivencia aparente. (Tesis 60. Pág. 64).

Todos quieren fama y ser estrellas. Los "arquistars" son producto de la sociedad del espectáculo. Si bien en la profesión debemos encontrar canales para promover nuestro trabajo, pues participamos del sistema económico. Hoy existen figuras de arquitectos que son más famosos por la sobre exposición de ellos como mercancía y la atención que reciben por medio de la publicidad y de los medios, de las imágenes que venden, o de los valores espectaculares detrás de sus proyectos: consumo, estatus, tecnología. Y no necesariamente sus diseños son éticos, o responden de la manera más adecuada al problema que pretenden resolver, o venden imagen y apariencia en su persona y en sus proyectos, sin que estos tengan un contenido profundo. Posteriori.

El representante del espectáculo unificado (la estrella del espectáculo) es lo contrario del individuo... al desplazarse hacia el espectáculo como modelo de identificación el individuo ha renunciado a toda cualidad autónoma para identificarse (Tesis 61 pág. 65). No a los íconos globales que representan valores superfluos para identificarnos, en lugar de la formación de individuos. En arquitectura esto aplica a las personalidades de modelos a seguir hoy en día "arquistars", haciendo análisis crítico de sus propuestas. Y desde la formación a lo que aspiran los estudiantes de arquitectura. También hacer meritorio el anonimato, el arquitecto comprometido con su profesión como servicio social, no espera reconocimiento alguno en cuanto a fama, más allá de la satisfacción de la realización responsable de su trabajo. Priori/ posteriori.

Lo que las oposiciones del espectáculo ocultan es la unidad de la miseria. (Tesis 63 pág. 67). Aun cuando el sentido de esto no sea literal, hace reflexionar en que la pobreza sigue en el traspatio de nuestras ciudades, se trata de ocultar, pero es imposible, y como no hemos sido capaces de proveer de vivienda e infraestructura toda la gente, se crean los asentamientos irregulares, pero aún éstos requieren de una planeación urbana. No podemos seguirlo evadiendo cuando es una necesidad imperante y real. Priori/ posteriori.

Los propietarios de la plusvalía histórica detenta el conocimiento y disfrute de la vivencia de los acontecimientos. Este tiempo (histórico), separado de la organización colectiva del tiempo que predomina en la producción monótona que está en las bases de la vida social, se escapa de su propia comunidad estática… la historia sobreviene así, ante los hombres, como un factor extraño, como aquello que no han querido y como aquello contra lo cual se creían inmunes… retorna, asimismo la inquietud negativa de lo humano (Tesis 128, pág. 119). Desde el quehacer arquitectónico hay que priorizar la vivencia y disfrute de los acontecimientos como objetivo de la habitabilidad significativa a diseñar. Espacios donde el tiempo se despliegue y corra a otros ritmos, los personales, los atemporales que se alojan en la memoria cuando el ser humano se apropia de su lugar en el mundo. Priori.

El tiempo espectacular, es el pseudo tiempo que ahora es mercancía y en el cual vivimos en el sistema de producción industrial que rige las economías occidentales. Se basa el tiempo en la producción de mercancía, en su consumo, en su obsolescencia, y el tiempo es un medio más para que el sistema en el poder manipule a la gente. Diseñemos espacios que trasciendan el tiempo mercantil y recuperen el tiempo humano de la vivencia significativa. Donde el ser humano encuentre refugio de la falsa conciencia del tiempo, que consume nuestras vidas sin sentido, y donde el ocio es sólo diversión banal y no alimenta al espíritu, la mente y el cuerpo. Priori/posteriori.

La sociedad moderna ha creado su propio territorio. El urbanismo es la conquista del entorno natural y humano por parte de un capitalismo que, al desarrollarse según la lógica de la dominación absoluta, puede y debe ahora reconstruir la totalidad del espacio como su propio decorado. (Tesis 169 págs. 144-145). Para Debord la planeación urbana y la urbanización, son una herramienta más, ejercida por el poder para el control de todo, de la manipulación, de la especulación del territorio, de la dominación del entorno natural, y de montar la escenografía para la vida que el sistema pretende para el individuo. Si bien es una postura extrema, recordemos que las grandes urbes hoy repercuten en una vida de ritmo vertiginoso y enajenante, relegando la existencia significativa del ser humano, y priorizando la actividad económica. Como se puede desde el diseño de lo urbano arquitectónico ayudar a revertir este hecho? Conciencia, reflexión, educación, para el arquitecto que ya ejerce, para el que está en formación y para todo habitante. Este puede ser el origen para el fortalecimiento de una ética del quehacer del urbanista y del arquitecto del cual partir, aún cuando el sistema y sus intereses tengan un peso específico. Priori/posteriori.

El urbanismo es la realización moderna de la tarea ininterrumpida que salvaguarda el poder de clase: el mantenimiento de la atomización de los trabajadores., que las condiciones urbanas de producción habían reunido peligrosamente.(Tesis 172. Pág. 145). La tecnología, el urbanismo que separa por clases y trabajo, sigue dividiendo a la sociedad, cuyos puntos de reunión son los centros de consumo a falta de espacios públicos de esparcimiento y convivencia libre de la pluralidad, los cuales hace falta impulsar. Priori/posteriori.

La arquitectura, que en todas las épocas anteriores estuvo reservada para la satisfacción de las clases dominantes, está por vez primera destinada directamente a los pobres. La miseria formal, así como la gigantesca extensión de esta nueva experiencia del hábitat, proceden ambas de su carácter masivo, implícito tanto en su destino como en las condiciones modernas de construcción. La decisión autoritaria dispone abstractamente del territorio. (Tesis 173 pág. 146). Aun cuando ya existe algún avance en el enfoque social de la arquitectura, y la democratización de derechos básicos como la vivienda, se sigue diseñando para masas, bajo decisiones autoritarias, y que cumplan los requisitos del mercado. Posteriori.

Surge la reflexión sobre la incidencia urbana en el ambiente natural, en los recursos, en la dependencia a la tecnología como lo es el automóvil, que nos hace diseñar para los medios más que para la vida urbana: supermercados globales, estacionamientos, centros comerciales; crean un círculo vicioso de vida insana y dependiente en las ciudades para seguir satisfaciendo al sistema. Posteriori.

Notas

1. Protestas iniciadas por grupos estudiantiles de izquierda contra el régimen político francés regido en su momento por el presidente Charles de Gaulle y la sociedad de consumo. Los eventos se originaron en París, posteriormente se unieron obreros, sindicatos y el Partido Comunista Francés. Resultó en una de las mayores revueltas

en la historia de Europa y en la mayor huelga general en la historia del estado francés, lo que causó se adelantarán las elecciones en aquel país.

2. Iniciado por Isidore Isou, (artista rumano). El letrismo pretendía la superación del arte por medio de la destrucción de las formas artísticas expresada en el lenguaje (lo cual había iniciado Baudelaire), lo cual se basó en las ideas dadaístas y de los primeros surrealistas. El letrismo quiere reducir la poesía a su elemento último, la letra. La utiliza como elemento gráfico en el collage y como elemento sonoro en la declamación onomatopéyica.

3. Los situacionistas eran una organización de artistas e intelectuales revolucionarios que criticaban y buscaban abolir la sociedad de clases imperante del sistema capitalista. Buscaban el real sentido de la vida cotidiana del individuo. Y su ideología influenció movimientos revolucionarios como los de Mayo del 68. Entre sus experimentaciones está el de las derivas urbanas.

4. En notas de J. L. Pardo: DEBORD, Guy. La sociedad del espectáculo. Valencia, 2003. Pág. 11

5. Debord, Guy, "La sociedad del espectáculo", Valencia: Pre-textos, 2003, p. 117.

6. Debord, *op. cit.,* p. 117.

7. Debord, *op. cit.,* p. 133.

8. Debord, *op. cit.,* p. 144.

9. Debord, *op. cit.,* p. 172.

Bibliografía

Debord, Guy, "La sociedad del espectáculo" Traducción y notas: Pardo, José Luis. Valencia: Pre-textos, 2ª edición en castellano, 2003.

"La poética del espacio" de Gaston Bachelard
Fondo de Cultura Económica, México, 2011

LUZ GABRIELA GONZÁLEZ ROCHA

"Imaginación dueña de mi universo"

Considerada como una de sus principales obras, "La poética del espacio" (1957) es a su vez considerado un libro de filosofía, y también de literatura, el ejemplar aborda tópicos principales como la poética, el espacio y la imaginación. Realiza un ensayo bajo un análisis fenomenológico, con el uso de metáforas acerca del espacio. El libro consta de diez capítulos que se van hilvanando uno con otro, llevando al lector a una experiencia reflexiva, intima e imaginativa.

Es necesario destacar, que para leer esta obra, es recomendable hacer una lectura reposada y continua, ya que en sus capítulos hace referencia a los anteriores.

En los dos primeros capítulos, el autor hace referencia a la casa, como ese espacio interior y privilegiado donde el ser humano puede descubrir su intimidad, puede ser con libertad. Aquí, el autor realiza un análisis espacial de la casa en tanto imagen poética. Para Bachelard la casa es un elemento de integración psicológica, morada de recuerdos y olvidos.

La casa, es el primer universo de la cotidianeidad, pero se proyecta como un auténtico "microcosmos": una unidad de imagen y recuerdo. Su funcionalidad reside en que sirve como detonante del proceso de reminiscencia. En este sentido, Bachelard destaca la importancia de las grandes imágenes simples, como la casa, y ello porque fomentan el fenómeno de liberación poética pura.

Es el lugar de temores y resguardo. La casa es el primer espacio donde somos y el cual queremos recordar por el resto de nuestra vida, llena la imaginación de experiencias, vivencias que transforman y perduran en la memoria. Espacio que proporciona una imaginación que sobrepasa la realidad. Es un universo en el mejor rincón del mundo, donde se construye el ser.

Al respecto el autor comenta: "si de una casa se hace un poema, no es raro que las más intensas emociones vengan a despertarnos, de nuestros sueños conceptuales y de nuestras geometrías utilitarias" [1]. Es entonces la casa, lugar de cobijo, de soledad y de encuentro, de ensueños y realidades, recuerdos y vivencias, es nuestro espacio, sus muros significan más que protección. Se vuelven parte de nosotros.

Haciendo ya consciente al lector que el espacio más que físico, es un creador de imágenes poéticas, un universo libre, genuino, lleno de sentimientos; estos capítulos son una breve introducción a los apartados sucesivos. Dando así un primer acercamiento hacia la imagen poética, creada gracias a la imaginación.

Dentro del capítulo 3, el autor esboza una fenomenología de las imágenes poéticas del secreto, usando en su lenguaje metáforas como lo son: el cajón, los cofres y los armarios. En este capítulo se destaca la reducción de la metáfora poética a su mera funcionalidad. Pero estos objetos pueden proyectarse más allá de su función, y esto sucede cuando opera desde ellos la reflexión, una dicotomía inseparable de; "secreto/descubrimiento". Para el filósofo el secreto conlleva el ensueño de la intimidad, al descubrirse individualmente el ser en lo más profundo de él, y ya que se conoce, supone que el descubrimiento es la apertura como acto original y creativo. Es ese el resultado de tan íntima conexión.

En las páginas de: "El nido, la concha y los rincones"; bajo un lenguaje literario, poético y metafórico, el autor hace referencia a tópicos tan importantes como: la seguridad, la construcción propia del ser y el reconocimiento de cada individuo dentro de su espacio. Como sus líneas lo dicen "El nido como toda imagen de reposo, de tranquilidad, se asocia inmediatamente a la imagen de la casa más sencilla." [2]. Y páginas más adelante lo reafirma; "Nido, concha, dos grandes imágenes que repercuten en sus ensueños. El principio de los ensueños que acogen tales leyendas rebasa la experiencia" [3].

En el capítulo séptimo: "la miniatura" el filósofo identifica a la miniatura como un "albergue de la grandeza", la llegada a esa intimidad que contiene toda la grandeza del ser", como ese umbral que el habitante atraviesa para pasar de un espacio que ve, a un espacio que vive. La miniatura hace soñar, y el tiempo comienza a medirse por intensidad, no por duración. Hace una reflexión acerca de que para poder vivir y encontrar dicha miniatura, hay que saber observar las pequeñas sutilezas y para tal acción es necesario abrir la mente y el corazón. Sin prisa, despacio y lentamente.

Durante todo el capítulo nos va llevando hasta el siguiente: "la inmensidad intima", donde nos relata acerca del resultado de la conexión del ser con esa miniatura, de ese descubrimiento que realiza al saber leer su mundo, y no es más que la inmensidad propia; y es dicha inmensidad interior la que da significado a nuestro mundo exterior. Como lo afirma textualmente "un espacio inmenso mantiene una relación más íntima de lo pequeño y grande. El alma encuentra en un objeto el nido de la inmensidad" [4]. Y es en la inmensidad donde se descubre la intensidad del ser íntimo.

Ya en la sección nueve, Bachelard habla de la dialéctica de lo del dentro y de lo de fuera. Tiene implicada la dialéctica del sí y del no, para el autor este dialogo se trata de ser y el no ser. Las imágenes poéticas referidas al dentro/fuera hacen referencia a la intimidad pequeña que contempla solamente y la experiencia real de vivir.

En alguna de sus líneas, dentro de este capítulo, el autor sugiere que: y aquí (dentro) no hay apenas espacio; y tú te calmas casi, pensando que es imposible que algo demasiado grande pueda sostenerse en esta estrechez… pero fuera, fuera todo es desmedido.

En "La fenomenología de lo redondo", última sección de la obra. El autor nuevamente hace uso de las metáforas para evitar una confusión y alejarse de toda evidencia geométrica, pues la idea principal es partir de una especie de intimidad de la redondez. De la redondez directa de imágenes e imaginación pura. Ejemplificando con poemas y citando artistas, nos llama a una actualidad del ser. De ser esferas, sin límites, sin superficies, de enriquecernos con cada experiencia.

Es este último, un capitulo abierto como lo afirma el propio autor, es sólo la entrada a un libro posterior donde se hablará de la metafísica implícita, y la actividad propia de la imaginación pura. Pueden surgir varias interrogantes, pues después de leer estas líneas, como han incidido en mí y en la profesión. ¿Cómo trasladar

Luz Gabriela González Rocha

todos estas bellas ideas dentro de un campo tan material como la arquitectura? o ¿Por qué es necesario el libro para un arquitecto?

Porque cada obra arquitectónica no debe ser una mera atracción material, sino espiritual, a lo interno. Ya que existe un mundo aparte del físico y tangible, un mundo emocional, nuevo y existencial. Y es el poeta el encargado de recuperar ese mundo, el cual se ha dividió gracias a reproducción de los espacios, por eso es necesario que la arquitectura deba contener poesía. Ver más allá de la reproducción de un objeto es revivir el sueño.

Y es necesario que el arquitecto deba de encontrarse en esa inmensidad intima, de la que habla Bachelard, donde comienzan a surgir imágenes que poco a poco les dará forma para terminar en una bella expresión. Pero no puede llegar a ella sin antes entender que los espacios forman parte del ser, son su concha, su mundo, el lugar donde es, su resguardo, su guarida; y que más que lo material, son sus anhelos, su reflejo y sus sueños.

El crear arquitectura basada en reflexiones y entendiendo la esencia de cada espacio para logar transmitir, mediante nuestro lenguaje, un espacio que se viva con todos los sentidos. El hacer sentir al habitante mortal y así entender nuestra existencia y lugar en el mundo.

Tras esta reflexión y amplio panorama que me ha ofrecido esta obra, creo que la arquitectura no se encierra solamente en sus muros, es sólo la invitación para experimentar, mediante ella, un universo propio que puede crear sentimientos, emociones, que entrelazan lo terrenal con lo divino.

Notas
1. Bachelard, Gaston, "La poética del espacio", México: FCE, 2011, p. 85.
2. Bachelard, *op. cit.*, p. 132.
3. Bachelard, *op. cit.*, p. 155.
4. Bachelard, *op. cit.*, p. 264-170.

Bibliografía
Bachelard, Gaston, "La poética del espacio", México: FCE, 2011.

"La civilización del espectáculo" de Mario Vargas Llosa
Santillana, México, 2012

LUZ GABRIELA GONZÁLEZ ROCHA

La obra surge en el 2012, a partir de una serie de reflexiones que realiza el autor para encontrar una respuesta bajo la interrogante ¿qué es la cultura en nuestros días? No busca redefinir el concepto, sino entender la metamorfosis que ha sufrido en los últimos tiempos y que consigo ha traído una idea poco clara de lo que es la cultura. El libro está desarrollado bajo seis capítulos, en los que el autor aborda cada una de las causas probables para que se diera el fenómeno del espectáculo dentro de nuestra civilización. A cada capítulo lo ejemplifica con breves publicaciones realizadas para el periódico El País, seleccionadas de tal manera congruente que se hilvanan con el tema principal.

En una introducción que titula como "Metamorfosis de una palabra", pone sobre la mesa la principal interrogante acerca del cambio que ha sufrido el concepto cultura a lo largo del tiempo, nombrando algunos autores como T.S. Eliot, quien sostiene que la cultura está estructurada y depende una interrelación que se da en diferentes instancias: individuo, grupo y la sociedad, afirmando que "la alta cultura es patrimonio de una elite y defiende que así sea porque asegura <es condición esencial para la preservación de la calidad de la cultura de la minoría que continúe siendo una cultura minoritaria>", misma donde mantiene la hipótesis de que la cultura no se puede educar, sino que se transmite a manera de comunicación familiar, el conocimiento y la cultura van separados, pues la primera tiene que ver con la técnica y las ciencias, mientras que la segunda se relaciona con la forma, la sensibilidad, sentido y orientación que se le da al conocimiento. En el mismo apartado, Vargas Llosa da entrada a un segundo ejemplo con George Steiner donde postula, que no se puede dar un idea de la cultura, sin tener en cuenta la muerte y las guerras, estrecha la religión con la cultura, y pone al ser humano deshumanizado gracias a la posmodernidad, dando pie a un nuevo termino de <<contracultura>>, la cultura para Steiner no significa cantidad de conocimiento, sino calidad y sensibilidad. Como último ejemplo el autor del libro, señala a Guy Debord con su obra *La sociéte du spectacle* "La sociedad del espectáculo" en 1967; haciendo desde el inicio la aclaración de que aun cuando se parecen en el nombre ambos libros, aborda la cultura de manera distintas. Debord llama espectáculo a lo que Marx llamo alienación, a la enajenación social resultante del fetichismo, estadio industrial avanzado de la sociedad capitalista, objetualizando al sujeto víctima del consumismo. Debord, sostiene que gracias a la publicidad que realiza una ilusión de la mentira que convierte en verdad, cosifica al hombre.

A diferencia de Debord, para Vargas Llosa la civilización del espectáculo esta ceñida al ámbito de la cultura, "entendida no como un mero epifenómeno de la economía y social, sino como realidad autónoma, hecha de ideas, valores estéticos y éticos, y obras de arte y literarias que interactúan con el resto de la vida social y son a menudo, en lugar de reflejos, fuente de los fenómenos sociales, económicos, políticos e incluso religiosos". Basando su hipótesis con apoyo de los teóricos Gilles Lipovstsky y Jean Serroy, quienes sostienen que la cultura se ha convertido en una cultura de masas, ahora su intención es divertir y dar placer, posibilitar una evasión fácil y accesible para todos, gracias al predominio de la imagen y el sonido (la televisión) y las modas, ahora la cultura ya no tiene como fin el transmitir algún tipo de conocimiento, sólo entretener y el ser humano se concentra en ser mero espectador.

En el primer capítulo *La civilización de espectáculo*, "Antecedentes: Caca de elefante"; hoy en día el autor propone quela cultura, se confunde con todos los actos destinados para el entretenimiento y espectáculo a la sociedad, cada vez más vacía, ahora las obras de arte carecen de creación, creando buenas sensaciones momentáneas de satisfacción, pero nada que logre trascender.

Capitulo II. "Breve discurso sobre la cultura", el autor hace una referencia histórica acerca de lo que antes se conocía como cultura y su función como patrimonio de ideas, valores y obra de arte; hasta llegar a nuestros días, donde cualquier moda se puede apropiar de la sociedad y si es aceptada por muchos, ha llegado al punto de llamarse cultura. Realmente no existe una cultura, todo es producto de paradigmas pasajeros.

Dentro del capítulo tercero "Prohibido prohibir", hace una crítica y reflexión acerca de cómo se le ha dado poder a ciertos rubros como al político y la religión, y su influencia en la sociedad, al prohibir ciertas actividades o costumbres niegan la libertad del ser humano y lo confunden más acerca de su verdadera cultura, dan entrada a una globalización mal entendida, creyendo que lo que algunos creen es universal y le es necesario a los demás.

En "La desaparición del erotismo" capítulo IV, trata que gracias a los medios de comunicación y el fácil acceso a ellos, ha tendido a vulgarizar ciertos elementos como el sexo en la sociedad, confundiendo el erotismo con la pornografía y, en cierta manera, hace que el ser humano se vaya banalizando y confundiendo. Y no sólo eso, sino violando la privacidad del individuo, desacralizando su intimidad.

"Cultura, política y poder": trata de cómo la misma sociedad ha dejado en éstos el poder de decisión y sometimiento acerca de varias decisiones como lo es la cultura, creyendo que son ellos los que pueden saber identificar lo que es bueno para todos o al menos la mayoría, creyendo ciegamente en éstos y aboliendo en cierta manera y durmiendo la capacidad de reflexión de cada ser humano, su propia libertad.

En el último capítulo, nos comenta sobre la religión a lo que titula como "El opio del pueblo", haciendo una narración acerca de que aun cuando en ocasiones la política o la economía tienden a tener el dominio y poder de la cultura, el hombre por naturaleza necesita creer en algo ajeno a él, que le dé esperanza, que le prometa y le dé a lo lejos una nueva oportunidad de vida, después de la muerte, que le haga creer que su vida será más placentera en otra dimensión, un ser superior que lo espera después del sufrimiento terrenal y en algunas ocasiones utiliza la religión como justificación a su sufrimiento, ya que no se hace responsable de sus propios actos y las consecuencias que traigan éstos, creando ilusiones, y no realidades. Mientras tanto, los que tiene el poder, podrán teniendo sometido al pueblo.

Como conclusión, Vargas Llosa realiza una reflexión final constituida principalmente por dos ensayos invita al lector a

Luz Gabriela González Rocha

realizarse la misma pregunta que él, ¿qué es la cultura y qué papel jugamos dentro de ella? Si somos títeres de todo el espectáculo creado por nosotros mismos, o si se puede rescatar aún el pensamiento, las ideas y la creación de obras de arte o si sólo estamos sujetos a la globalización y el internet que cada día entumece más nuestro cerebro y nos va alejando de las sensaciones y la vida.

Aportaciones de "La civilización del espectáculo": a priori- a posterior en la arquitectura

La lectura reposada y reflexiva de este libro es necesario para los arquitectos, no sólo para su práctica, sino también para su localización como individuos dentro de la sociedad. Es necesario que conozca el contexto actual en el que se desenvuelve, para descifrar más certeramente al individuo para el cual va dirigida la obra arquitectónica, sus creencias, sus necesidades y vacíos.

A priori. Gracias a la segregación social, se tiene a falsa idea que la arquitectura como disciplina realizada por un profesionista, sólo tiene acceso ciertos estratos sociales que puedan adquirirla o comprarla en cuestión monetaria, ¿a caso sólo algunos tienen derecho a vivir, desarrollarse en un espacio digno? "La alta cultura es patrimonio de una elite…" (Vargas Llosa, 2012, p.15)

A priori. Una obra arquitectónica debe entenderse su entorno y con su entorno, al mismo tiempo que es ella misma. Y entiéndase entorno no sólo a la parte material, sino también a la social, económica y política. Si llega a existir incongruencia o poca comunicación con alguna de estas, es probable que se llegan a crear no lugares, espacios sin significación. "Es importante que un hombre se sienta no sólo ciudadano de una nación en particular, sino ciudadano de un lugar específico de su país, que tenga sus lealtades locales" (Vargas Llosa, 2012, p.16).

A priori. La arquitectura no sólo es técnica, estilo, tendencia o función, es brindar un espacio para ser en la vida, lugar en donde el individuo se sienta identificado en todos aspectos. "El conocimiento tiene que ver con la evolución de la técnica y las ciencias, y la cultura es algo anterior al conocimiento, una propensión del espíritu, una sensibilidad y un cultivo de la forma que da sentido y orientación a los conocimientos" (Vargas Llosa, 2012, p.16).

A priori - a posteriori. El arte nace de "una aspiración a la trascendencia, es una apuesta a trascender" (Vargas Llosa, 2012, p.19); probablemente es así como debe de concebir una obra arquitectónica, con ese pensar en la trascendencia y no en sólo copias y reproducción.

A posteriori (crítica). El poder político, económico ha fomentado a la reproducción de construcciones, estilos llamados malamente obras arquitectónicas. Esto con el fin de fomentar muchas veces el consumo y mantener en un estado de confort a los ciudadanos, sin embargo, los arquitectos, por ética y respeto a los propios habitantes, deberán de buscar maneras en conciliar tanto el poder económico como la posibilidad de espacios dignos para el ser humano. (Vargas Llosa, 2012, pp. 21-22).

A posteriori (crítica). Una verdadera obra no se califica o se le emite un juicio por su cantidad de construcción o monetario; sino por calidad y sensibilidad que contenga y puedan producir en el habitante. La arquitectura no es un producto de consumo ni es sólo un bien material, en la actualidad se dan varios ejemplos de este tipo, donde malamente se cree que viviendo en una zona de cierta plusvalía o entre más elevado sea el costo de una vivienda, significa que el material es más resistente o que cumplirá de mejor manera las necesidades del individuo. "(…) pues sólo la idea de cultura no significa nunca cantidad de conocimientos, sino calidad y sensibilidad" (Vargas Llosa, 2012, p.23); "(…) la reificación o cosificación del individuo, entregado al consumo sistemático de objetos, muchas veces inútiles o superfluos, que las modas y la publicidad le van imponiendo, (…)" (Vargas Llosa, 2012, p.24).

A priori - a posteriori ¿Qué tan necesarios son las formas caprichosas, estilos, modas o uso de materiales de última tecnología en todos los proyectos? Habrá que entender que si pueden existir proyectos que requieran de cierta plasticidad, pero siempre y cuando sea fiel a su esencia y origen. Ejemplo: algunos arquitectos afanados por salir en revistas o proponer moda o tendencia como innovadora que logran esculturas inhabitables. "Y tener en cuenta como profesionistas y como individuo que el valor no lo designa el precio, éste último lo da un mercado". (Vargas Llosa, 2012, pp. 25,31).

A posteriori (crítica). Se puede traducir como la arquitectura de la actualidad la que está centrada en un estilo de moda, formas excéntricas y para brindar apariencia y seducir al ojo humano, donde el ser humano es una cosa u objeto en el espacio, limitándolo a ser espectador. "El ego de algunos arquitectos sobresale ante el habitante, olvidando que su praxis va dirigida hacia satisfacer al ser humano mediante espacios dignos, olvida que él es sólo el instrumento para que surja la obra de arte" (Vargas Llosa, 2012, pp. 33-35).

A priori. Si el usuario no exige, el arquitecto difícilmente propone, brindado espacios light, sin ambición sólo por complacencias temporales del cliente. Esto no se trata de que alguno tenga la culpa, sino que muchas veces no existe una comunicación real entre arquitecto-cliente, que se ve reflejado en el trabajo final. "La literatura light, como el cine light y el arte light, da la impresión cómoda al lector y al espectador, revolucionario, moderno, y de estar a la vanguardia con un mínimo esfuerzo intelectual." (Vargas Llosa, 2012, p.37).

A priori. Relación corpórea (funcional) y espiritual son complementarias. Habrá proyectos que tiendan a necesitar o solicitar más una que la otra, pero esto no significa que carezcan de alguna; ejemplo: un centro comercial, a una capilla. "(…) el cultivo del cuerpo era simultáneo y complementario del cultivo del espíritu" (Vargas Llosa, 2012, p. 40).

A priori. Un verdadero arquitecto busca la discreción, pues no persigue la fama, deja en materia su idea, su pensar. La fama verdadera llega sola, pero no por su personalidad o su excentricismo sino por su obra, deja que sean sus espacios los que hablen de él. "(…) dan la espalda a lo que hace medio siglo se llamaba el compromiso cívico o moral del escritor y el pensador con la sociedad" (Vargas Llosa, 2012, p.46).

Continuando con esta línea de consumismo, tendencias y moda, se puede decir a posteriori (crítica) que aun cuando éstos se den en la mayoría de los casos, no todos los espacios deben de ser iguales, hay cuales sobreviven y luchan por permanecen en la línea de arquitectura, mostrando verdad fomentando mejor vida. (Vargas Llosa, 2012, pp. 57-58).

A posteriori (crítica). De la misma manera, no todas las construcciones son obras arquitectónicas y no todas merecen surgir y permanecer, aunque para emitir tal juicio habrá que examinar y entender el medio en el que surgió. Es decir, en algunas ocasiones, se encuentran espacios que no son entendidos a primera instancia, ya sea por sus materiales de construcción o por su forma y, sin embargo, el habitante logra apropiarse de ellas. "Porque una cosa es creer que todas las culturas merecen consideración ya que en todas hay aportes positivos a la civilización humana y otra, muy distinta, creer que todas ellas, por el mero hecho de existir se equivalen" (Vargas Llosa, 2012, p.66).

A priori- a posteriori (crítica). Mundo de confusión donde se cree que la práctica a de todo arquitecto merece ser llamada arquitectura, sino que hay que dar "(…) todo aquello que hace de la vida algo digno de ser vivido" (Vargas Llosa, 2012, p.69). El tener un título no asegura el conocimiento y la sensibilidad que el profesionista comprometido debe tener en el momento de abordar un proyecto.

A priori. Tener en cuenta que el habitante, no debe "resignarse" a vivir en un espacio que se le brindó y hacerlo pensar que esa manera es la única de vivir (Vargas Llosa, 2012, p.81-82). El cliente deposita en el arquitecto, la confianza para desempeñar, no sólo su casa, sino el trabajo de una vida, el espacio donde se encontrará con su familia y desarrollará la misma; el espacio donde albergará y dará seguridad a él y sus seres queridos. Por tal motivo, es de estricta prudencia tenerlo en cuenta.

A priori. El exceso de discurso (elementos arquitectónicos, plasticidad) confunde y oculta la verdadera razón por la que surgió la obra arquitectónica. El hecho de que exista una tendencia por cierto material, como el cristal, aluminio, cantera, entre otros no significa que forzosamente se deben incluir en la misma obra, sólo si ésta lo requiere. "(…) el empleo de estilos abstrusos y falazmente científicos por los pensadores más influyentes de su época para ocultar la insignificancia de sus teóricas o su propia ignorancia" (Vargas Llosa, 2012, p.90).

A priori. La Arquitectura se trata de toda una experiencia humana, pues refleja al ser humano y contribuye a su formación y por tal motivo debería ser patrimonio de todos. Espacios públicos universales. En la actualidad los espacios públicos, tienden en su mayoría a segregar aún más a la sociedad; ejemplo, algunos centros comerciales cuyos accesos predominantes son los del automóvil ante los del peatón, espacios semi-públicos para los cuales se tiene que atravesar espacios privados, como restaurantes en la parte superior de tiendas departamentales, entre otros. "(…) fondo común de la especie y a la que se puede recurrir incesantemente en busca de un orden cuando parecemos sumidos en el caos (…)" (Vargas Llosa, 2012, p.96).

A priori- a posteriori (crítica). La arquitectura no depende sólo de la política, economía, de la publicidad y otros poderes, ya que ésta cambia muchas veces las ideas por los ideales; ejemplo: con las casas de interés social, que hacen creer que para obtener un patrimonio familiar o que su trabajo valga la pena, habrá que invertir en un espacio que no satisface las necesidades requeridas y que además, por la deuda adquirida, tendrá que postergar los arreglos para adaptarla a su verdadera necesidad. Esto se ve reflejado en el abandono de dichas casas. (Vargas Llosa, 2012, pp. 129-132).

A priori. El arquitecto debe de ver en su propia praxis un trabajo de respeto, honorabilidad y conciencia de estar contribuyendo en la sociedad. Sólo de esta manera será que los espacios proyectados por él, puedan cambiar o influir en el comportamiento de la sociedad. (Vargas Llosa, 2012, p.146).

A priori. El arquitecto debe tener en cuenta que el habitante, aun cuando pertenezca a su misma sociedad en cuestión geográfica, no significa que su cultura sea igual, o que sus creencias sean las mismas, aun cuando parezca; hay que realizar un análisis profundo de ésta y su manera de manifestación, identificación o arraigo que tenga sólo el o los individuos. Buscar un común denominador, por ejemplo, en los diversos santuarios de la religión, no importa quién es su dios, sino la creencia espiritual y la necesidad de un ser supremo, por lo cual dichos espacios tienen que contener esa evocación. (Vargas Llosa, 2012, p.164-166).

A priori - a posteriori (crítica). El lenguaje técnico debe de mantener una congruencia con la esencia y origen de la obra, no debe ser presa de estilos o modas, ya que terminarán siendo máscaras de un espacio sin sentido. En ocasiones nos encontramos ante edificios que no logramos descifrar, debido a que su lenguaje no es el que se espera o al menos no existe reconocimiento alguno con él. Sería una fortuna si se sabe que es lo que sucede en su interior, pero si no existe una semiótica adecuada, lo más probable es que el individuo pase ante él, sin experimentarlo. (Vargas Llosa, 2012, pp. 168-183).

A priori. Es importante mantener la diversidad (ejemplo en viviendas seriales, fraccionamiento) ya que no todas las familias son iguales. "Que sean recientes, a veces grotescamente embusteras, que se aprovechen de la incultura, ingenuidad y frivolidad de sus adeptos, no es obstáculo para que a éstos les presten un servicio espiritual y les ayuden a llenar un vacío en sus vidas" (Vargas Llosa, 2012, p.171). Contrario a lo que redacta en la cita, las casas de interés social es un grave problema en la actualidad, pues no se ha tenido el compromiso suficiente para entender que cada individuo es diferente y que contiene un vacío interior que necesita llenar y que por naturaleza, es dentro de su hogar que se le puede brindar dicha oportunidad, sin embargo la reproducción de dichas casas, merma esa oportunidad, pues ahora el individuo está más apurado por tener el suficiente espacio, antes que disfrutar la estancia en él.

A priori. a posteriori (crítica). Espacios universales con la cualidad de que el sujeto se desarrolle de manera libre, eso incluye que se realice de acuerdo a sus creencias y con los demás en un ambiente de respeto y no de exclusión. "Ahora bien, es verdad que este sistema de economía libre acentúa las diferencias económicas y alienta el materialismo, el apetito consumista, la posesión de riquezas y una actitud agresiva, beligerante y egoísta que, si no encuentra freno alguno, puede llegar a provocar trastorno profundos y traumáticos en la sociedad" (Vargas Llosa, 2012, p.180). Se hace referencia a tener mayor predilección por espacios libres, como parques, donde el individuo pueda realizar diversas actividades, sin la necesidad de comprar que además favorecerá a su salud mental y física.

A priori. No se puede tener dos verdades o dos esencias genuinas al tiempo de surgir una obra de arte; ya que alguna tenderá a ser parte de un espectáculo o con fin de lucro; ejemplo ilógico sería colocar un parque en la quinta fachada de un centro comercial, pues la esencia de que un parque permanezca libre sería falsa, dado que el sujeto para poder ingresar a él, tendría que pasar por una zona de consumismo y con alta posibilidad de caer en el mercado; muchas veces conceptos "innovadores" como estas dicotomías, son sólo un gancho para atrapar al cliente que posteriormente incrementará su mercado de consumidores. (Vargas Llosa, 2012, p.199-200).

A priori ¿Qué tanta conciencia tiene el arquitecto para evitar caer en el consumismo y mundo banal? "(…) una conciencia que impedía a las personas cultas dar la espalda a la realidad cruda y ruda de su tiempo. Ahora, más bien es un mecanismo que permite ignorar los asuntos problemáticos (…)" (Vargas Llosa, 2012, p. 201). Para lograr un cambio verdadero, se debe saber primeramente en dónde se está ubicado, es decir, la sociedad de la actualidad en la que vivimos, y el mercado hacia el cual está destinado la obra arquitectónica. Asimismo, la posición actual de la arquitectura ante este mundo consumista, momentáneo y efímero, sólo de esta manera se tendrá una visión real para soluciones y respuestas propositivas.

A priori - a posteriori (crítica). Trabajo manual, de ideas no sólo con el ordenador, trabajo para la creatividad, para trascender para crear y no reproducir (Vargas Llosa, 2012, P. 200-220). Con la facilidad de la tecnología, hoy en día desde la formación de los arquitectos durante la licenciatura, se ha dejado en un abandono, todos los ejercicios de comprensión de diseño básico, trabajo manual, como resultado son proyectos en copy-paste, espacios que no funcionan y muy similares. Se pierde la reflexión, el entendimiento real del problema a resolver, así como el contacto con el lugar donde se realizara.

Bibliografía

Vargas Llosa, Mario, "La civilización del espectáculo", México: Santillana, 2012.

"Arquitectónica" de José Ricardo Morales
Biblioteca Nueva, Colección Metrópolis, Madrid, 1999

ROBERTO GOYCOOLEA PRADO

Los vencedores de la Guerra Civil Española, difícilmente pudieron imaginar el alcance cultural que llegaría a tener su intolerante actitud ante la disidencia ideológica, especialmente en Latinoamérica. En conjunto y con independencia de las tragedias personales, la llegada de los exiliados republicanos fue un hecho tan significativo para los países que los recibieron, que resulta imposible comprender el proceso científico y artístico latinoamericano del siglo XX sin considerar sus aportaciones. Pero, a la vez, tampoco parece posible tener una imagen completa de la España de la época, olvidando lo que sus científicos, intelectuales y artistas realizaron fuera de la península. Por ello es preocupante que el exilio americano sea tan poco conocido (y reconocido) en España fuera de círculos académicos concretos. En nuestra disciplina, por ejemplo, se ha difundido y estudiado de manera sistemática la obra de algunas figuras señeras (Sert, Bonet, Candela...), pero se ha prestado poca atención al resto los arquitectos exiliados, pese a tener obras no menos significativas [1]. Pero si la preocupación por la obra construida es exigua, el desconocimiento de las aportaciones de estos exiliados a la enseñanza y teoría de la arquitectura es mayor aún.

En este panorama, cabe congratular a la editorial Biblioteca Nueva por la primera edición española de "Arquitectónica" [2]. Además de la propia significación del ensayo, con la recuperación de este texto se contribuye a una mayor comprensión de la empresa arquitectónica realizada por los españoles en Latinoamérica y se distingue la interesante aportación a la teoría y enseñanza de la arquitectura del filósofo y dramaturgo malagueño José Ricardo Morales, del que hasta ahora en España, sólo se habían editado algunos ensayos y parte de su extensa obra dramática.

La aventura arquitectónica de José Ricardo Morales

Nacido en Málaga y Licenciado en Filosofía y Letra por la Universidad de Valencia, donde llegó a ser Director de Cultura de la Federación Universitaria de Estudiantes y encargado del Teatro El Búho, dirigido por Max Aub, J. R. Morales fue deportado a Chile, donde aún reside y continúa su labor intelectual. Su primera contribución a la vida cultural del país de acogida fue la fundación del Teatro Experimental de la Universidad de Chile, hoy Teatro Nacional, en el que dirigió, entre otras, su primera obra estrenada. Esta feliz iniciativa señala el inicio de una amplia producción dramática -más de treinta obras estrenadas y publicadas en América y Europa- y filosófica -en la que destacan *Al pie de la letra* (1978), *La Imagen* (García Verdugo, 1983), *Españoladas* (Fundamentos, 1986), *Mimesis dramática* (1992), *Estilo, pintura y palabra* (Cátedra, 1994). Reconocimientos no han faltado por estos trabajos: la editorial Anthropos le dedicó los números 35 y 133 de su revista homónima, Premio del PEN Club de Chile (1970), Premio García Lorca (1990), Miembro de Número de la Academia Chilena de la Lengua, Premio a la Creatividad (U. de Valencia).

Su incursión en la arquitectura se produce desde la historiografía del arte y por aproximaciones sucesivas. En 1946 se ocupa del curso Historia del Arte de la Facultad de Arquitectura de la Universidad de Chile y más tarde de los de Teoría e Historia de la Arquitectura de esa facultad y de la Universidad Católica. Su compenetración con la profesión continuará imparable y fructífera: Director del Instituto de Teoría e Historia de la Arquitectura de la Universidad de Chile, Representante de Chile en los Congresos de Arquitectos y Técnicos de los Monumentos Históricos de la UNESCO (París 1957) y Unión Internacional de Arquitectos (Londres 1961), Miembro Honorario el Colegio de Arquitectos (1963). Desde estas cátedras y foros, el profesor Morales ha realizado una amplia y cautivante reflexión sobre la arquitectura que, gracias a su formación, se cristaliza en una mirada esclarecedora de la historia y el hacer arquitectónico.

Como todo currículo, esta breve reseña biográfica no recoge la valía cualitativa de lo enumerado, pero permite entender el enfoque humanista y la dimensión filosófica de las reflexiones propuestas en arquitectónica.

Arquitectónica o el arte de pensar la arquitectura

No es una coincidencia que desde los grandes sistemas filosóficos griegos a las estructuradas deconstrucciones contemporáneas, filosofía y arquitectura hayan estado mucho más ligadas que de lo que las actuales divisiones académicas reflejan.

Frente a la escasa presencia de la especulación filosófica en las Escuelas de Arquitectura y de la arquitectura en las Facultades de Filosofía, la historia del pensamiento occidental muestra una preocupación constante de los filósofos por lo arquitectónico. Centrándonos en casos conocidos, Platón y Aristóteles describieron sendas ciudades ideales; Isidoro de Sevilla dedicó parte de sus etimologías a definiciones de arquitectura; Campanella, Descartes, Leibniz, Berkeley, entre otros pensadores modernos, reflexionaron sobre el sentido y cualidades de la disciplina; Hegel escribió un tratado de estética que inicia la visión espacialista de la arquitectura; Adorno, Benjamín, Bollnow... y, en los últimos años postmodernos como Derrida, Deleuze, Virilo... han tenido y tienen en la ciudad y su arquitectura un asiduo objeto de atención.

Es en esta fructífera tradición de filósofos que meditan sobre el ser y el hacer de la arquitectura donde se encuadran las reflexiones recogidas en el libro reseñado. Para J. R. Morales, la base de la relación entre estas dos disciplinas con objetos de estudios opuestos (la filosofía tiene su razón de ser en el estudio de la *sophia*, de las entidades mentales inmateriales y abstractas; en cambio, la arquitectura detenta en la tectónica, en la construcción material de objetos concretos, el fundamento de su quehacer) se encuentra en la arquitectónica. Término de origen griego utilizado por Aristóteles para referirse al arte de construir, a la capacidad de subordinar los medios al fin y el fin menos importante al más importante. En este sentido, aunque con "materiales" distintos, filósofos y arquitectos tendrían en común el "hacer" arquitectónico, un pensamiento constructivo y operativo. Esta preocupación estructural explicaría el constante interés de los filósofos por la arquitectura y de los arquitectos por encontrar en la filosofía un fundamento a su quehacer.

Ahora bien, comenta nuestro autor, si lo arquitectónico -tanto en arquitectura como en filosofía- supone principalmente un hacer,

Roberto Goycoolea Prado

"su auténtica comprensión requiere establecer previamente cuáles fueron las condiciones de semejantes acciones especializadas". El autor no se refiere con ello a las determinaciones geográficas, técnicas o económicas de las obras, sino a sus condiciones en cuanto hacer humano. El ser humano, "no la suma de obras hechas", es el fundamento del ser y el hacer arquitectónico, porque "el hombre, que debe crear un orden arquitectónico para establecer y entender el mundo, se ordena, a su vez, en ello". La definición del proceso creador de orden constituiría la preocupación ontológica común al filósofo y al arquitecto. Preocupación que en arquitectónica se resume en una pregunta, que de explícita parece obvia, pero que incluso, la aproximación a ella -y no digamos su respuesta- entraña inadvertidas dificultades intelectuales: "¿Qué hace el hombre al hacer arquitectura y qué hace del hombre la arquitectura?"

Para responder a esta pregunta, arquitectónica se divide en tres secciones diferenciadas:

La primera recoge las comunicaciones transmitidas en el curso Filosofía de la Historia del Arte de la Facultad de Filosofía de la Universidad de Chile entre 1946 y 1960 y consiste en un análisis crítico de las principales tendencias de la historia del arte y la arquitectura en Occidente desde el siglo XVIII hasta la formulación de las ontologías regionales a fines del siglo XIX. Mediante una exposición concisa de las aportaciones y limitaciones de estas tendencias, el profesor Morales muestra que la visión positivista de la naturaleza y el arte, sumado al intento de universalizar sus conclusiones, llevó a la "cosificación" de las obras artísticas, "aceptándolas tan sólo en la medida en que sirven a la intemporal noción de estilo expuesta por categorías" y a olvidar que el hacer de la arquitectura está ligado substancialmente a las epistemologías que sustentan las maneras particulares de entenderlo en los diferentes períodos históricos.

El segundo apartado, teoría y teorías de la arquitectura", transcribe un ciclo de conferencias impartido en el Colegio de Arquitectos de Chile en 1960. Comienza analizando el concepto de teoría y su papel fundamental en la comprensión de la arquitectura: "El todo de la arquitectura no debe entenderse por la suma de las posiciones interpretativas existentes, sino que tiene que fundamentarse a partir de ciertas unidades de sentido, cosa radicalmente distinta de aquello que representa un conjunto de tendencias heterogéneas o inconciliables". Partiendo de estas definiciones se examinan las principales teorías de la arquitectura (forma, función, espacio), poniendo de manifiesto tanto su razón de ser y oportunidad histórica, así como sus insuficiencias explicativas.

El título de la conferencia que constituye el núcleo de los temas tratados en la última sección del libro, "El hombre y la idea de arquitectura" (Universidad de Concepción, 1962), resume con precisión su orientación y contenido. Primero se expone una lúcida disquisición sobre el espinoso tema del papel de la teoría y la crítica en la práctica de la profesión; luego se repasa la relación existente entre arquitectura, técnica y arte; y finalmente, partiendo de la definición y etimología de una serie de conceptos que de usados parecen obvios, pero que no lo son en absoluto (habitar, hábitat, técnica, arte...), el autor postula su propia teoría de la arquitectura, resumida en la consideración del hombre como un ser arquitectónico: "El hombre, que debe crear un orden arquitectónico para establecerse y entender el mundo, se ordena, a su vez, en ello. De ahí que la consideración aclaradora y situante nunca pueda omitirse en las labores arquitectónicas, especialmente en las que atañen a la acción de poblar. Por ello, no debe perderse de vista que en la humanización del hombre, o ser con los demás, ha de hacerse presente la hominización o plenitud del ser consigo".

Oportunidad y actualidad de arquitectónica.

Vivimos momentos en que la crítica y difusión de la arquitectura acentúa hasta cotas insospechadas dos fenómenos propios de la modernidad: la equiparación del objeto con su imagen y la especialización del conocimiento. Escasos son los autores que intentan hoy una síntesis que vaya más allá de la clasificación taxonómica de hechos arquitectónicos hilvanados con mayor o menor habilidad. Así, centrada en una explicación fragmentada, incompleta y, generalmente, partidista de la realidad, la teoría ha derivado en historia y la crítica en descripción de objetos aislados o en reseñas biográficas. "Nadie interpreta ya la totalidad. Nadie entiende la arquitectura como un todo", se dolía hace poco el maestro madrileño F. J. Sáenz de Oiza.

Roberto Goycoolea Prado

I

Arquitectónica se manifiesta aquí como una llamada de atención a la actual fragmentación y especialización en la reflexión disciplinar. Toda "teoría" que intenta explicar la realidad desde un aspecto específico de la arquitectura (forma, función, espacio...) conduciría, necesariamente según José Ricardo Morales, a una interpretación y un hacer "insuficiente". Por ello, intentar un entendimiento ontológico de la arquitectura no es un capricho filosófico sino un camino coherente (quizás, el único) para comprender en su totalidad la idea y el sentido de la arquitectura.

Notas

1. A modo de ejemplo. En uno de los libros más voluminosos publicados sobre la "Arquitectura española del siglo XX" (M. A. Baldellou y A. Capitel Summa Artis XL, Espasa Calpe, Madrid, 1995, 657 p.), el tema de la arquitectura del exilio se desarrolla en menos de una página, y la única obra que se menciona y acompaña con una fotografía es el Pabellón de España en la Exposición de París de 1937 de L. Lacasa y J. L. Sert.

2. El libro reseñado ha tenido dos ediciones anteriores en Chile: Universidad Católica (1966) y Universidad del Bíobío (1984).

Bibliografía

Morales José Ricardo, "Arquitectónica", Madrid: Biblioteca Nueva, Colección Metrópolis, 1999.

"Espacio mesoamericano, un horizonte abierto", de Iliana Godoy Patiño

Architecthum Plus, S.C., editores, México, 2011

MARÍA ELENA HERNÁNDEZ ÁLVAREZ

El contenido de este libro es de gran importancia por su transcendencia; y lo es por la seriedad, el respeto, la claridad, la profunda visión transdisciplinaria y, también, por la reverencia con la que nos abre un nuevo y vasto horizonte de comprensión del espacio mesoamericano.

Afirma la autora que el objeto artístico, en este caso la arquitectura mesoamericana, continúa vivo, palpitando y transpirando la verdad, su verdad, que desde su aparición desveló. Partiendo de una muy interesante perspectiva multidisciplinaria, reivindica también la idea de que, en el arte mesoamericano, nada es ornamental sino que todo forma parte inseparable de una estructura significante.

Los temas están perfectamente organizados para cumplir los objetivos que la autora se plantea de verificar la hipótesis sobre la vigencia del arte mesoamericano.

El punto de partida es considerar y validar a las culturas mesoamericanas y sus logros desde sus propios supuestos. Y para ello, acude a diversos campos de conocimiento tales como la hermenéutica de Gadamer, la teoría de la Gestalt, la teoría de la relatividad de Einstein, la fenomenología, el pensamiento de Bachelard, las leyes de la percepción visual, el estructuralismo, la teoría del universo plegado y desplegado de David Bohm, la sincronicidad, los principios de Worringer acerca de comprender el valor de la obra de arte desde ella misma, la esencia de lo geométrico de Paul Valery, la configuración fractal en la naturaleza descubierta por Mandelbrot.

El recorrido historiográfico de la valoración del arte indígena a partir del siglo XVI que la Dra. Godoy presenta, intenta demostrar las diferentes consideraciones que éste ha tenido y que van desde la admiración, la incomprensión, apertura, gusto, curiosidad, negación y afirmación. En este sentido, destaca la autora cómo, hacia 1850, con el inicio de la Revolución Industrial, se desencadenó un afán continuo de novedad en el que se desechaba lo histórico como caduco. Con esto, el arte antiguo, sobre todo el de culturas ajenas a la occidental eurocentrista, sufrieron las atrocidades de la destrucción y el abandono. Aun así, es en el mismo siglo XX, pero sobre todo en este siglo que comienza que, estudiosos como la Dra. Godoy, plantean la inminente necesidad de nuevos paradigmas para el estudio y reivindicación del legado mesoamericano, el cual, afirma ella, sigue vivo y aportando importantes e incuestionables símbolos de identidad y de pertenencia. Y es que, bien sabemos que nuestro México continúa escuchando las señales míticas milenarias las cuales pone en escena cotidianamente.

El espacio urbano arquitectónico mesoamericano, nos dice la Dra. Godoy, fue diseñado para ser vivido a través de la alternancia entre secuencias horizontales, hitos verticales como expresiones de poder, templo y plaza, equivalencias, opuestos, armonía con el cosmos, integración al paisaje, límites virtuales, geometría perfecta, remates visuales, misterio y revelación, actualización de mitos, angustia y pacificación ante la monumentalidad; recorrido del universo plegado y desplegado; lectura de poemas a los que nada falta y nada sobra.

Sin lugar a dudas, este libro sugiere nuevos y amplios horizontes para reaprender el mensaje mesoamericano; por ello, es posible considerar el trabajo de la Dra. Godoy como punto de partida de ulteriores estudios, de los cuales menciono algunos a continuación:

La razón de la monumentalidad visual en la arquitectura. Historia de su vigencia en México.

La revaloración y reaprendizaje del deber del espacio urbano arquitectónico para dar cabida a la realización cíclica de los rituales que constituyen la resurrección del tiempo mítico y fundacional más allá del tiempo cotidiano. [1].

Reaprendizaje del emplazamiento de barrios, ciudades y monumentos desde el principio de la cuaternidad de Martin Heidegger que leemos en su interesante artículo "Construir, habitar, pensar". Esto es, la perfecta armonía y diálogo entre los divinos, los mortales, el cielo y la tierra. Principio del cual lo mesoamericano es muestra completa.

El rescate de la arquitectura no utilitaria o rentable como fuente de identidad y de pertenencia.

La fachada y los volúmenes edificados como límites y fronteras del espacio comunitario: en México, abierto por naturaleza. [2].

La puesta en escena de lo sagrado por medio de la arquitectura.

La actualización del mito a través del complejo ritual religioso. [3].

La arquitectura mesoamericana como paradigma de la dualidad y diálogo de opuestos.

La relación indisoluble figura-fondo en la arquitectura.

Despliegue del espacio: la cuarta dimensión como pauta de diseño primigenia de la arquitectura mesoamericana. Tiempos y recorridos, penetración en profundidad por medio del caminar humano.

Habitabilidad como espacio vivencial: verdadero fin de la arquitectura mesoamericana.

El libro de la Dra. Godoy es una importante aportación a la teoría del diseño arquitectónico ya que ampliamente demuestra que las pautas de diseño de la arquitectura pueden y deben ser resultado de la coherencia, respeto y armonía con la cosmovisión y las creencias de una comunidad, con el paisaje circundante, con la habitabilidad; tal como lo son en los tiempos mesoamericanos.

Para finalizar, tomo las palabras de la autora de este magnífico libro, que nos demanda asumir con fuerza la vigencia de los paradigmas mesoamericanos para: "(Cultivar)... la esperanza de que, mirando juntos hacia ese pasado (mesoamericano), podamos rescatar el destino de América, (comenzando) por ver con nuevos ojos la milenaria arquitectura, más allá de la copia retórica y el reciclaje de exportación hecho para el turismo convencional. Allí tenemos este inmenso patrimonio. Sólo aguarda que, abriendo los ojos, en una pausa de silencio, podamos escucharlo." [4].

María Elena Hernández Álvarez

Notas

1. Godoy Patiño, Iliana, "Espacio mesoamericano, un horizonte abierto", México: Architecthum Plus, S.C., editores, 2011, p. 39.
2. Godoy, *op. cit.,* p. 45.
3. Godoy, *op. cit.,* p. 51.
4. Godoy, *op. cit.,* p. 142.

— 82

Bibliografía

Godoy Patiño, Iliana, "Espacio mesoamericano, un horizonte abierto", México: Architecthum Plus, S.C., editores, 2011.

"La frontera indómita", de Graciela Montes
En torno a la construcción y defensa del espacio poético
Fondo de Cultura Económica, México, 1999

EDGAR FABIÁN HERNÁNDEZ RIVERO

Recuerdo que, muchas veces, un trozo de literatura o un cuadro o una música fueron los únicos sitios donde me pude encontrar con personas con las que era imprescindible encontrarse.
Graciela Montes

En un mundo saturado, donde los actos parecen simples impulsos por y hacia la productividad y el beneficio económico, donde cada día sentimos alejarnos un poco más de nosotros mismos y de nuestra sociedad ¿En qué consistiría "crear"? ¿Cuál es su espacio y tiempo en un panorama con tan poco silencio y tan colmado de estruendos?

Graciela Montes es una narradora, editora, traductora y creadora galardonada de obras literarias para niños y jóvenes, nacida en Buenos Aires en 1947. En su compilación de ensayos e intervenciones *La frontera indómita*. En torno a la construcción y defensa del espacio poético, podemos encontrar vínculos -y quizá respuestas- a dos inquietudes elementales en los arquitectos: el lugar de creación y la experiencia del hombre en el espacio habitable.

A través de sus reflexiones, recuerdos y relaciones literarias, la autora nos transporta al universo de lo lúdico, de la fantasía y la imaginación, para mostrarnos por qué la poesía es inherente a la existencia humana, cómo es que se busca y construye, y cómo, con ella, luchamos por controlar lo incontrolable.

Es en la infancia, en su autenticidad y falta de prejuicios, donde las grandes cuestiones de la vida son libremente planteadas –el amor, el cambio, la soledad o la justicia-; esa estancia se encuentra tan inmersa en nosotros que podemos retornar a ella, o mejor dicho "vivir en ella", en cualquier momento –a partir de imágenes, objetos, olores, actos, sonidos-. La máxima expresión infantil, el juego, al igual que el arte, nos ayuda a entender la vida con tal fuerza que, como dice Montes, tocamos lo universal con la punta de los dedos. Es en este lugar, en este intersticio de realidad e imaginación, donde podemos producir "grietas", es decir, donde podemos generar los rompimientos a las imposiciones y dogmas de la vida. Es el lugar de las posibilidades creativas.

Sin embargo, la libertad de este sitio no implica arbitrariedades, en realidad posee reglas -pero de "otro orden"-, conlleva responsabilidad y congruencia, tanto con uno mismo como con la manifestación de la vida, nos devela una verdad. Y es verdad, porque en la creación y vivencia de la obra poética, se adquiere y evidencia una felicidad impalpable, se ensancha la existencia al entregarse deliberadamente a ella, se alcanza más sabiduría al estar "desnudo".

Habitar y crear en el filo de la realidad-ficción conlleva sus riesgos, pero se gana en libertad porque no hay condicionamientos, ni al interior de los fantasmas personales ni al exterior del "incuestionable" orden social. Por ello, a este lugar, le denominan en la obra la tercera zona, una suerte de vivir en el vacío porque se aceptan los mundos conjeturales, la incertidumbre y lo inquietante; pero justamente así es vivir y crear, un juego indomable, porque no deberían de admitir seguridad y trámite, pese a que esto no siempre suponga placer.

Cuando se piensa en la casa no se asocia a un infinito éxtasis, es más como el estar en "mi sitio", la identificación de "mi lugar en el mundo", del espacio donde permanentemente se adquiere sentido, donde nos empoderamos y creer vale la pena. La obra poética es eso, materia operando con forma y contenido de manera simultánea, espacio en donde sabemos que, las cosas sólo pueden ser así... en ese momento y con esas características: lugar con esencia. Aquel diseño arquitectónico, jactado de surgir con el ser humano como eje, guarda ese sentir y finalidad.

Paralelamente, la obra de Montes marca una profunda y pertinente crítica: hemos de entender a la cultura como experiencia y no como la suma de saberes prestigiosos. El acto de crear se ha visto reducido a la atención de mercados y sus respectivas normas de clonación, novedad o remplazo. Sin embargo, los que habitan en la frontera –en la tercera zona- notan la pobreza de contenido y luchan contra la alienación de la obra y el hombre. El "verdadero escritor" –el verdadero diseñador de espacios habitables- se entusiasma con las ideas, se arroja y resiste; mientras que el "falso", se esclaviza regulándose, produciendo enardecidamente, enclaustrándose en su circuito sin abordar al mundo, al ser humano y la condición esencial en torno a ellos.

¿Aceptamos las reglas del mercado sin demasiado cuestionamiento? Quizá se deba a que hemos perdido un poco las nuestras, las del "verdadero escritor". La autora culmina invitándonos a ensanchar la frontera, a reencontrar el rumbo suspendiendo deliberadamente la incredulidad, fundando ciudades libres al no dejarnos domesticar, a recuperar la vida.

Bibliografía

Montes, Graciela, "La frontera indómita", en torno a la construcción y defensa del espacio poético, México: Fondo de Cultura Económica, 1999.

Edgar Fabián Hernández Rivero

"El arco y la lira" de Octavio Paz
Fondo de Cultura Económica, México, 2006

JORGE ANÍBAL MANRIQUE PRIETO

En este libro, el autor se plantea una reflexión sobre el fenómeno poético. El fenómeno entendido como una manifestación que se hace presente a la consciencia de un sujeto y aparece como objeto de su percepción; es decir, Octavio Paz explica la manera en que la poética está directamente relacionada con la experiencia del ser humano. Sin el ser humano: lector, espectador o habitante de una obra, no se puede hablar de la existencia del fenómeno poético.

En la introducción, el autor explica la diferencia entre poesía y poema, destacando que no todo poema es poesía, pero que toda poesía puede ser poema; y mucho más que poema. Afirma Octavio Paz: "Y así es: no todo poema- o para ser exactos: no toda obra construida bajo las leyes del metro- contiene poesía. (…) hay poesía sin poemas; paisajes, personas y hechos suelen ser poéticos: son poesía sin ser poemas". [1].

En el primer capítulo se pregunta sobre qué es el poema, y habla sobre los componentes de éste: el lenguaje, el ritmo, el verso y la prosa, y la imagen. A través de ellos explica cómo el poema es más que una forma literaria; el poema, para Paz, es un lugar de encuentro entre el hombre y la poesía.

El segundo capitulo es dedicado a la explicación de la experiencia poética en sus diferentes etapas: desde el momento creativo del poeta; cómo plasma él la poesía en la obra, es decir en el lenguaje; y, finalmente, cómo el lector, el espectador o el habitante experimenta la poética al entrar en contacto con la obra.

- Finalmente habla en el tercer capítulo de la naturaleza histórica del poema; de cómo éste es un producto social, una expresión de una época determinada y, a la vez, convierte el transcurrir histórico en arquetípico. Es decir, la poesía contiene y revela aspectos tan profundos del ser humano que permite que el poema trascienda su propio tiempo histórico y esté en plena conexión con el pasado y el futuro a la misma vez.

Resonancia y/o aportación al diseño arquitectónico:
A continuación se presenta un cuadro con algunos de los conceptos que se consideran una aportación directa de este libro hacia el diseño arquitectónico: como introducción a esta parte final, Jorge Manrique hace una reflexión de su acercamiento a la poética a través de este libro:

"Tiempo atrás, después de haberme titulado como arquitecto y en el ejercicio de la profesión; de repente cuando me encontraba trabajando, solucionando algún espacio arquitectónico, me invadía una duda: ¿Cómo hacer que los espacios habitables que estaba diseñando, además de funcionar como albergue físico y "psicológico" para el ser humano, pudieran ofrecerle un confort espiritual como el que yo he experimentado en algunas obras arquitectónicas? ¿cómo lograr ese "algo" que trasciende el plano funcional de la arquitectura?

"Antes había escuchado de la poética en la arquitectura, pero nunca me había dado a la tarea, o más bien, no había sabido cómo abordar, cómo adentrarme al conocimiento de la poética. La conocía sólo como un adjetivo que calificaba (en el campo de la arquitectura) a algunos espacios habitables que al parecer lograban tocar las fibras del alma humana.

"Con el privilegio de entrar a este posgrado (Maestría en arquitectura en la UNAM) y en especial al Taller de humanidades del campo diseño arquitectónico; descubrí, o más bien, entendí que es necesario que el arquitecto eche mano de otros recursos, en este caso literarios, de las humanidades para buscar las respuestas y el entendimiento con respecto a la poética en la arquitectura. Tema que muchos a veces dan por hecho, superado y, a veces, innecesario; sin embargo, poco a poco, he entendido que la poética es algo inherente al ser humano, es decir que así como es condición humana razonar, imaginar o poetizar también lo es.▢

La primera de las aportaciones que deja este libro a los arquitectos, es la conciencia de que por derecho propio el ser humano al habitar en la obra arquitectónica, además de encontrar resguardo: confort físico y psicológico, debe encontrar el confort espiritual, que no es más que la experiencia del gozo poético.

Octavio Paz a través de este libro también nos dice que la poesía no es algo que se le adiciona a la obra -en nuestro caso la obra arquitectónica- cuando ya está materializada. La poética según este autor, debe estar presente en todos los momentos de la existencia de la obra: en la imaginación del poeta -artista o arquitecto-, en el diseño o lenguaje de la obra, en la materialización -construcción de la obra- y en la experiencia del espectador, lector o habitante.

Finalmente, algunos de los conceptos que pueden ser retomados de este libro, como una aportación al quehacer de los arquitectos como diseñadores de espacios habitables; espacios que por derecho deberían estar cargados de poética, son:

Ritmo: el poema, la obra o el espacio habitable debe ser ritmo. El rimo no es más que la evocación de experiencias anteriores, gratas, que permiten que el espectador, lector o habitante sea consciente de su existencia, de su presencia en este mundo. Señala Paz: "El ritmo poético es la actualización de ese pasado que es un futuro que es un presente: nosotros mismos. La frase poética es tiempo vivo, concreto: es ritmo, tiempo original, perpetuamente recreándose". [2].

Vacío: es la posibilidad que tiene la obra, de lograr que la persona se desprenda del mundo y pueda concentrarse en el instante; en la vivencia que está experimentando al entrar en contacto con la obra. Obra que es un lugar, una frontera entre el hombre y su contexto; entre el hombre y el universo del cual es parte.

La Otredad: como la posibilidad que tiene el habitante de contemplarse, reconocerse así mismo a través de la obra; de preguntarse sobre su existencia, de ser consciente de que él es él en un espacio y tiempo determinados. Comenta Octavio Paz: "Los estados de extrañeza y reconocimiento, de repulsión y fascinación, de separación y reunión con lo Otro, son también estados de soledad y comunión con nosotros mismos. Aquel que de veras está a solas consigo, aquel que se basta en su propia soledad, no está solo". [3].

La revelación poética: Como el goce de vivir plenamente, de sentirse libre, de ser uno mismo, de entender la relación con el universo. De tener una existencia plena. Gracias a la revelación poética, el ser humano se renueva, se revitaliza para seguir adelante. Así, la obra de arquitectura debe proponer de una manera contundente la constante renovación del ser que la habita. Comenta Octavio Paz: "La experiencia poética es una revelación de nuestra condición original. Y esa revelación se resuelve siempre en una creación: la de nosotros mismos". [4].

La inspiración: no como un momento de alumbramiento solamente; sino como un proceso de conocimiento que el poeta, artista o arquitecto, debe tener de la complejidad del ser humano –sus condiciones físicas, psicológicas y espirituales-, del contexto donde está inmerso, del lenguaje -en nuestro caso de la arquitectura- y sus valores. La Inspiración como un trabajo de conocer que se convierte en un trabajo de proponer.

Notas
1. Paz, Octavio, "El arco y la lira", México: FCE, 2006, p. 14.
2. Paz, *op. cit.*, p.66.
3. Paz, *op. cit.*, p.134.
4. Paz, *op. cit.*, p.154.

Bibliografía
Paz, Octavio, "El arco y la lira", México: FCE, 2006.

"El sistema de los objetos" de Jean Baudrillard
Siglo XXI, México, 2003

YHESSY AURORA PAREDES CHÁVEZ

El producto del que hay más demanda hoy no es una materia prima, ni una máquina, sino la personalidad.
Riesman

El propósito del autor es analizar la relación que existe entre el consumo de los objetos en la sociedad moderna con los principios de la humanidad. Lo que pretende demostrar en este texto es que en las llamadas sociedades de consumo los objetos ya no se producen, ante todo, para dar satisfacción a las necesidades primordiales del hombre, ni tampoco a esas necesidades secundarias, pero no menos reales, de la comodidad, el esparcimiento, el lujo estético. Considera que estas tareas las puede cumplir con tal facilidad una moderna sociedad industrial súper desarrollada que por su dinamismo se volvería superflua si sólo tuviese como cometido la satisfacción de lo que el hombre real, natural y tradicionalmente, ha requerido para su existencia humana.

El texto pretende contestar algunos aspectos importantes: ¿Cómo son vividos los objetos? ¿A qué otras necesidades –aparte de las funcionales- dan satisfacción? ¿Cuáles son las estructuras mentales que se traslapan con las estructuras funcionales y las contradicen? ¿En qué sistema cultural o transcultural se funda su cotidianidad vivida? Y el autor puntualmente dice: "El ambiente cotidiano es, en gran medida, un sistema <abstracto>: los múltiples objetos están, en general, aislados en su función, es el hombre el que garantiza, en la medida de sus necesidades, su coexistencia en un contexto funcional" (Baudrillard, 2003, pág. 6).

La relevancia de este aspecto, es que, ante el dinamismo social que vivimos dentro de una cultura de consumo, predominan los valores y principios en nuestra sociedad, como bien dice, en términos funcionalistas; los objetos han alcanzado un carácter determinante para conformar la identidad y motivación de los individuos dentro de nuestra sociedad contemporánea. "La configuración del mobiliario es una imagen fiel de las estructuras familiares y sociales de una época" (Baudrillard, 2003, pág.13).

Más allá de cuestiones estéticas, la reflexión nos lleva al terreno del valor que tiene la presencia de los objetos, donde bien se puede entender cualquier elemento dentro de la vida cotidiana.

El sistema de los objetos determina que los colores, las formas, los materiales, su colocación, el espacio… todo… sea funcional. "Lo funcional no califica de ninguna manera lo que está adaptado a un fin, sino lo que está adaptado a un orden o a un sistema: la funcionalidad es la facultad de integrarse a un conjunto" (Baudrillard, 2003, pág. 71).

En el texto, se considera que los objetos permiten el equilibrio neurótico en el ser humano, "(…) desempeñan un papel regulador en la vida cotidiana, en ellos desaparece mucha neurosis, se recogen muchas tensiones y energías en duelo" (Baudrillard, 2003, pág. 102) así, por ejemplo, el objeto-reloj devora al tiempo, no sólo por el hecho de saber la hora, sino por "poseer" la hora, por tenerla continuamente registrada para uno mismo, además, por hacer al individuo esclavo del tiempo medido entre sus manecillas.

El autor nos menciona, además, que tanto la producción como la elaboración de productos tienen un impacto directo en la reproducción de los patrones de comportamiento social; considera así que el modelo tiene como característica principal perdurar al paso del tiempo, aun cuando exista una constante búsqueda de innovaciones que se convierten en elementos de moda. Sin embargo, la producción en serie tiene una estrecha relación con el valor de uso, porque se adhiere precisamente a la idea de la moda.

En términos generales, el análisis del autor se concentra en una premisa: en la era del consumo, es la sociedad global la que se adapta al individuo. Es decir, se adelanta a sus necesidades con todo el cuidado para adaptarse a él mismo. A través de la sumisión y la devoción a los objetos, la sociedad se ha apropiado de la idea de bienestar.

Bibliografía
Baudrillard Jean, "El sistema de los objetos", México: Siglo XXI, 2003.

"Psicología ambiental" de Holahan, C. J.
Limusa México, 2004

YHESSY AURORA PAREDES CHÁVEZ

El libro se encuentra dividido en varios capítulos que a continuación se desarrollan brevemente.

Capítulo 1. Naturaleza e historia de la psicología ambiental

La psicología ambiental es un área de la psicología cuyo objetivo es investigar entre la interrelación del ambiente físico con la conducta y la experiencia humana.

El ambiente físico nos influye o nos afecta de la siguiente manera:

A. Los ambientes físicos que afectan nuestra vida diaria, también reflejan aspectos muy personales y significativos de nosotros mismos, ejemplo de esto es cuando una persona establece su identidad con el ambiente demostrando sus gustos, intereses y actitudes particulares, como el decorado de su propia oficina.

B. Puede influir en nuestra elección de amigos, por la cercanía con las personas por la vivienda, la escuela o el trabajo.

C. Aunque el ambiente físico desarrolla un papel importante en la vida diaria, casi nunca consideramos su influencia.

Capítulo 2. Percepción del ambiente

En este capítulo se revisa cómo es que la forma en que se percibe el ambiente determina las actitudes y la conducta ambiental.

Aquí los investigadores de la psicología ambiental se han dado cuenta que el proceso de percepción del ambiente físico es complejo y dinámico, y que la percepción es definitivamente un proceso activo y no pasivo.

Capítulo 3. Conocimiento ambiental

El conocimiento ambiental se logra mediante un proceso que implica el almacenamiento, organización, reconstrucción y evocación de las imágenes de las características ambientales que no están presentes en el momento. Para que el conocimiento ambiental se dé es porque hubo anticipadamente una percepción ambiental, lo que significa que entre mejor percepción del ambiente, mejor se dará el proceso de conocimiento ambiental. Este proceso de evocación ordenada de imágenes de un ambiente determinado es lo que se maneja como un mapa mental, el cual es único y personal.

Lynch menciona también algunos elementos importantes y que conforman los mapas mentales en las personas y que descubrió en base a sus investigaciones, Lynch concluyó que los mapas mentales están constituidos por cinco elementos de los cuales son:

*Sendas: que son las vías por donde la gente transita: calles rutas de autobuses.

*Bordes: son elementos lineales que no funcionan como sendas. Pueden ser divisiones entre diferentes sectores urbanos o uniones a lo largo de las cuales coinciden dos partes de la ciudad.

*Distritos: son sectores medianos o grandes de una ciudad, que poseen un carácter distintivo.

*Zona de confluencia: son puntos estratégicos de la ciudad hacia y desde donde los habitantes se desplazan. Algunas zonas de confluencia están formadas por un cruce de avenidas importantes o por estaciones de los sistemas de transporte.

*Hitos: son puntos que se observan desde un punto lejano. Por ejemplo, una gran torre que es tan distintiva que se puede ver desde grandes distancias.

El conocimiento ambiental tiene otra función psicológica, la cual es proporcionar una estructura para la organización del sentimiento de identidad personal (Proshansky, 1978), lo que significa que el individuo evocaba recuerdos, creencias, sentimientos y fantasías según el mapa mental (Cognoscitivo) que este mismo haya formado de un determinado ambiente.

Además, el conocimiento ambiental tiene una función psicológica que es la de resolver problemas de espacio y en esto es que los mapas cognoscitivos desempeñan un rol importante en el desarrollo de la capacidad de resolver estos problemas de adaptación en la vida humana.

Capítulo 4. Actitudes ambientales

El cómo se forman y se transforman las actitudes ambientales en los individuos implica muchos aspectos de la vida y es sin duda una de las interrogantes a investigar dentro de la psicología ambiental. Las actitudes ambientales son la base para que el individuo decida dónde quiere vivir, y si está satisfecho o no con el ambiente donde habita.

Otra importante función de las actitudes ambientales consiste en ayudar al individuo a tomar decisiones relacionadas con el uso y cuidado del ambiente físico. La decisión de tomar unos cuantos más para depositar un pedazo de papel en un basurero, refleja sentimientos implícitos en favor de un ambiente exterior limpio.

Capítulo 5. Rendimiento escolar y laboral

Es importante para la PA la investigación de los efectos que produce el ambiente físico de la escuela y el trabajo en el desempeño de los individuos. De estos estudios se ha descubierto que hay efectos como el nivel de iluminación, la calidad de los aislantes de ruido y la disposición de los espacios diseñados.

Capítulo 6. Stress ambiental

En este capítulo se contempla al ambiente físico como una fuente de stress psicológico, donde no todas la personas pueden enfrentar de forma efectiva las exigencias ambientales extremas, tales como la hostilidad urbana y el stress producido en la ciudad.

Capítulo 7. Aglomeración

Aunque no existe una idea concreta sobre aglomeración, ya que algunos investigadores insisten en que son varios los factores a considerar, como, por ejemplo, Stokols, quien recomienda distinguir entre densidad y aglomeración, considerando a la primera para referirse a los aspectos físicos o espaciales de una situación; y aglomeración se aplica a la percepción subjetiva del individuo acerca de las situaciones que implican densidad.

Ante la aglomeración existe la presencia de enfermedades físicas y patología social en los seres humanos, esto se presenta a través de las situaciones que provocan respuestas fisiológicas relacionadas con el estrés, causadas por la densidad en las personas.

Capítulo 8. Privacía y territorilidad
Cada vez es más difícil lograr privacidad, ya que además existir alta densidad de población en cualquier parte del planeta, cada vez existen nuevas formas casi todas por la del desarrollo tecnológico, de investigar e invadir la privacidad ajena.

Aunque por lo regular no reflexionamos del significado e importancia que tiene la privacidad personal, ésta es una parte esencial de la vida.

La privacía se puede definir como el control selectivo del acceso a uno mismo o al grupo al que uno pertenece.

Capítulo 9. Espacio personal
El espacio personal es importante para las relaciones humanas ya que son utilizadas en la interacción con otras personas, por ejemplo, en el cómo se comunica las emociones como afecto, el enojo, la confianza, el miedo, etc.

El espacio personal se define como la zona que rodea a un individuo, en donde no puede entrar otra persona sin autorización.

Capítulo 10. Afiliación y solidaridad en el ambiente urbano
Es sabido que las personas comparten con sus amigos actitudes, afinidades e intereses mutuos, pero se ha descubierto que el ambiente físico interviene en algunas ocasiones en este proceso de amistan entre las personas.

El medio ambiente juega un papel importante en la vida social urbana, ya que las características físicas de los determinados ambientes urbanos han contribuido a conformar el carácter de su vida social.

Bibliografía
Holahan, C. J., "Psicología Ambiental", México: Limusa, 2004.

"Análisis y diseño de los espacios que habitamos" de Pignatelli, P. C. Editorial Pax, México, 2004

YHESSY AURORA PAREDES CHÁVEZ

El título de este libro hace una clara referencia a sus contenidos, el cual se divide en dos partes: en la primera, se exponen los problemas considerados como prioritarios en el planteamiento de la investigación y en la segunda parte, algunos de estos problemas son analizados y profundizados por expertos donde algunos de ellos no son arquitectos.

Este propone soluciones para el diseño de edificios de cualquier índole. Una de ellas es la investigación de residencias, se propone investigar las necesidades del usuario para diseñar espacios de calidad. Las exigencias de hoy no son igual a las de antes, los tiempos han cambiado, una persona no tiene las mismas necesidades que hace cincuenta años; un ejemplo, es la mujer, ya no es la misma típica ama de casa que está todo el día en el hogar, hoy en día sale a trabajar. Todos estos detalles se deben tomar en cuenta al momento de diseñar.

Aunque en la actualidad los diseños cumplen con los prototipos arquitectónicos necesarios, no satisfacen las exigencias psicológicas del hombre. La calidad de vida depende del ambiente en que se vive, es deber del arquitecto lograr mediante el hogar una buena calidad de vida para el usuario.

La vivienda se constituye como analogía, en una caja de resonancia, donde lo doméstico actúa dentro de un campo de fuerzas que transforman constantemente la estructura espacial de la casa. A este punto se refiere Coppola Pignatelli, cuando entiende y presenta la casa como un lugar de rituales cotidianos: "La casa es el teatro de complejas interacciones, el lugar de los rituales cotidianos, el espacio para ceremonias excepcionales. Es el ámbito donde trascurre la vida, acontece la muerte, donde el júbilo y el dolor se viven en su cotidianeidad". Estas ideas se convierten en el punto de partida, que establece lo que llamamos: "códigos estéticos del habitar". Debemos ponernos a estudiar cuál es la casa que queremos, qué es y qué quiere el hombre de hoy. El objetivo de la planeación arquitectónica es satisfacer las exigencias del hombre tanto biológico funcionales como psicológicas, cosa que muchas veces no se toma en cuenta es por eso que los hábitats se vuelven rígidos, sin movimiento, siendo sólo el lugar donde la persona duerme, es esto lo que la autora trata de evitar.

También nos habla de la dialéctica de lo público y de lo privado encontramos que según Hans Bahrdt la convivencia urbana se caracteriza por estar dividida en dos esferas: la pública y la privada, cada una de estas caracterizada por dos tipos de comportamiento del individuo, mientras que en la primera este se comporta con una conducta de "presentación" en la segunda vemos una personalizada y emotiva. Basada en Bahrdt, Coppola plantea la hipótesis de considerar a la habitación en la ciudad como un posible lugar de integración entre la esfera pública y la privada. Para ella el módulo habitacional, constituye esa porción de residencia en la cual inciden espacios privados y espacios públicos organizados en un conjunto unitario que permite la superación de la barrera de comportamiento definida por la puerta de entrada.

Según las teorías de integración y de individuación existen barreras medio ambientales que van delineando el actuar del hombre y su personalidad. Así tenemos que en colectividad el ser humano asume y acepta las normas, preceptos, prejuicios de su entorno social, definiendo este comportamiento como "persona". En contra parte tenemos al "inconsciente" que está totalmente desprovisto de responsabilidad social y asume actitudes que podríamos llamar infantiles. Entre estos extremos se encuentra el "yo" como ente consciente y provisto de la oportunidad de crecimiento personal. Un alto grado de madurez en el ser humano, dice el psicoanálisis, sólo puede ser alcanzado cuando se hayan roto las barreras impuestas a su comportamiento. Ahora, regresando al análisis espacial, la autora nos plantea que una solución a esta problemática sería a partir del diseño planificado de estas esferas en su representación física-urbana, mediante la creación de espacios intermedios entre el afuera (público-persona) y el adentro (privado) comenta la autora sobre los "espacios intermedios":

"Son un coágulo dialéctico de las dos esferas. En el coágulo se determinan espacios adecuados a las dos funciones intermedias típicas de una vida de grupo más sana, de participación y de autogestión... en estos espacios se reconstruye el "yo" eficaz e individual, la personalidad humana integrada. Fuera del estereotipo generado por la colectividad, y fuera de los comportamientos conflictivos ligados a la familia, el hombre encuentra su forma de expresión en el grupo, en la participación y en la autodirección, reconstituyéndose y afirmando su individualidad a través de una imagen más real de sí mismo.

En la segunda parte del libro donde nos menciona a varios expertos se encuentran la antropóloga Amalia Sgiñoreli que aborda al espacio como instrumento educativo y el problema con la familia, Aldo Carotenuto que habla sobre el espacio psicológico y existencial, la importancia de la cultura en la planeación de la vivienda por el arquitecto Enzo Turiaco, el artículo del Arq. Paolo Giambartolomei centra la atención en el contexto como conexión en la planeación del espacio-habitación, el Arq. Marco Petreschi que habla de la tipología de los edificios y su inserción en el contexto residencial, en cuanto al problema de cantidad se dedica el ensayo del Arq. Gaetano Ingaglio y el Arq. Gianni Pantuso, quien nos dá un sistema geométrico de planeación y agregación del módulo-célula.

Menciona también al Arq. Christopher Alexander, quien nos propone unos patrones en un intento de organizar la experiencia del espacio por parte de una comunidad.

El análisis y diseño del espacio que habitamos comprende toda una gama de escalas, desde la ciudad hasta la habitación más pequeña de una vivienda, esta obra incide en forma directa en los problemas actuales de nuestro hábitat y se convierte en una guía imprescindible para todas las disciplinas que trabajan en este campo.

Bibliografía
Pignatelli, P. C., "Análisis y diseño de los espacios que habitamos", México: Pax, 2004.

Yhessy Aurora Paredes Chávez

"La poética del espacio" de Gaston Bachelard
Fondo de Cultura Económica, México, 2011

YHESSY AURORA PAREDES CHÁVEZ

Si se me pide que nombre el principal beneficio de la casa,
debería decir: la casa alberga un día soñando, la casa protege
el soñador, la casa le permite a uno soñar en paz.
Gastón Bachelard

Introducción

"La poética del espacio" del filósofo francés Gaston Bachelard publicado en 1958, quien elabora distintos tópicos por medio de las cuales busca entender la relación del hombre con el mundo.

Bachelard realiza un estudio fenomenológico, es decir, un estudio de los fenómenos lanzados a la conciencia de la casa como tal analizada a partir de un punto de vista psicológico. Esto lo vemos reflejado en la cita textual: "...con la imagen de la casa tenemos un verdadero principio de integración psicológica. Examinada desde los horizontes teóricos más diversos, pareciera que la imagen de la casa fuese la topografía de nuestro ser íntimo" [1], debido a que podemos observar claramente como Bachelard conceptualiza la idea de la casa como un instrumento de análisis del alma humana donde propone una deconstrucción del espacio poético, para asociar a la imagen poética con un acto inaugural ontológico.

Esto en el proceso arquitectónico, dicho en palabras de la Dra. María Elena Hernández, seria promover que la normatividad y lo cuantitativo en toda obra arquitectónica sea subordinado a lo cualitativo, a lo significante, a lo solidario, a lo poéticamente habitable.

1. La casa. Del sótano a la guardilla, el sentido de la choza

¿Quién vendrá a llamar a la puerta?
Puerta abierta, se entra.
Puerta cerrada, un antro.
El mundo llama del otro lado de mi puerta.
(Plerre Albert-Blrot, Les amusements naturels, p. 217).

Al hablar de la casa en tanto imagen poética, Bachelard considera que esta imagen está compuesta por medio de una compilación de una morada de recuerdos, de olvidos e imágenes que tenemos de cada casa en la que alguna vez hayamos vivido, como de aquellas en las que vayamos habitar.

O como se nos menciona en una reseña aquileana. La casa es el primer universo de la cotidianeidad, pero se proyecta como un auténtico *"microcosmos"*: una unidad de imagen y recuerdo [2], es decir, la casa es el espacio que habitamos y que habita en nosotros.

Ahora bien, es importante que la imagen de casa, no se vea como objeto, sino más bien desde un punto de vista fenomenológico, el cómo habitamos nuestro espacio vital de acuerdo con todas las dialécticas de la vida, cómo nos enraizamos, de día en día, en un "rincón del mundo" [3]. Al mismo tiempo, es importante entender que la calidad de la casa o hogar no va mano a mano con la idea de lujo. Más bien, dependiendo del grado de humildad del hogar, la calidad de este me determina por medio de la comodidad. En la casa, el ser encuentra un albergue. Establece muros y paredes para así, crear sombras impalpables que generan confort a través de ilusiones de protección. Es por esto que el filósofo plantea que el beneficio principal del hogar, de la casa... es más que cualquier otra cosa, albergar el ensueño. La casa protege al soñador. La casa nos permite soñar en paz.

Cabría mencionar a Ortiz que al leer sus palabras traen a la mente a Bachelard, Ortiz comenta que la casa, cuerpo de imágenes, no sólo refleja un orden sino que es ella misma concepción del mundo. Concha protectora, caparazón, nido, rincón, crisálida, escondite, prolongación del seno materno, centro del territorio personal y punto de referencia, lugar también a veces del terror y la soledad, de alguna forma todos hemos experimentado a la casa casi como un ser vivo [4].

Charles Baudelaire nos dice: *"dans un palais, il n'y a pas de coins d'intimité"*, (nunca necesitamos un palacio para vivir, en ellos, no hay rincones para la intimidad). Al fin y al cabo, nuestra tendencia a la costumbre acaba deshabitando unas esquinas en favor de otras hasta trazar un cerco invisible para marcar territorio, nuestro lugar en la mesa, nuestro lado de la cama, nuestro lado del ropero, nuestros escondites y lugares secretos. Con el tiempo, incluso convenimos acomodarnos a sus humedades, y logramos que los ruidos que esconden sus muros se conviertan en viejos conocidos.

Para un fenomenólogo que busca las raíces de la función de habitar, Henri Bachelin (novelista olvidado) en *"La casa de la infancia"* nos habla de esta función (la de habitar), y el siguiente pasaje es esencial:

> Eran horas en que sentía la fuerza, lo juro, que estábamos como retirados de la aldea, de Francia y del mundo. Me complacía, guardaba para mí solo mis sensaciones –imaginar que vivíamos en medio de los bosques en una choza de carboneros, bien calentada...
>
> Nuestra casa era mi choza. Me veía en ella al abrigo del frío y del hambre. Si me estremecía un escalofrío, era de bienestar" [5].

Así, el escritor nos llama al centro de la casa, como a un centro de fuerza y llega hasta el fondo ese "sueño de la choza" que conocen bien los que aman las imágenes legendarias de las casas primitivas. La choza, en Henri Bachelin, aparece como la raíz sustentadora de la función de habitar.

Por lo tanto, esta idea de casa se divide en pensamiento, recuerdos y sueños, y a su vez, estos elementos se ven unidos por el ensueño. Por tanto, podemos entender que el ser sin casa es un ser disperso. Un ser distraído. Tanto así que Bachelard considera que **La vida empieza bien, empieza encerrada, protegida, toda tibia en el regazo de una casa** [6]. El autor propone que entre más compleja sea la casa, mas recuerdos caracterizados contendrá, dando como resultado un análisis para comprender el ser. Los espacios los llenamos de recuerdos, ya sean sufridos o gozosos. Pero, al mismo tiempo, podemos borrarlos del presente y recuperados por medio de sueños. Este espacio lo ponemos en práctica por medio de la acción, pero, a su vez, esto nos conlleva a la imaginación.

Por eso, recorrer la historia de la casa a través de cada una de sus estancias resulta un entretenido e interesante paseo lleno de curiosas historias [7].

Entonces, me pregunto, ¿la casa es un espacio arbitrario, caprichoso, ideal, soñado, magico, pre-establecido, nuetro lugar, mi lugar, mi rincón?

2. Casa y universo

"Nuestras casas saben bien como somos"
Juan Ramón Jiménez, Espacio

Pareciera como si fuese sinónimo de casa o habitación, la intimidad.
Bachelard aquí realiza un análisis del invierno ya que cree que este potencializa ese valor de intimidad, debido que, según él, las condiciones que establecen esta determinada estación refuerzan la felicidad del habitar. Esto se hace evidente en la cita textual: "¿Una agradable habitación no hace más poético el invierno, y no aumenta el invierno la poesía de la habitación?" [8], ya que demuestra que esta estación fría por sus condiciones de extrema temperatura, hace que el ser se refugie en un hogar buscando confort. El invierno hace el refugio "más cálido, más dulce y más amado". Bachelard interpreta a la nieve como el universo exterior y la casa como refugio e intimidad. La casa en el invierno se convierte en una casa protectora. Un refugio seguro. Malicroix lo ve de la siguiente manera: "La casa luchaba bravamente. Primero se quejó; los peores vendavales la atacaron por todas partes a la vez, con un odio bien claro y tales rugidos de rabia que, por momentos, el miedo me daba escalofríos. Pero ella se mantuvo" [9]. Como si la casa tomara cualidades humanas intentando luchar contra el exterior por nuestra protección. Es entonces que, a raíz de esta idea, viene la relación de casa con madre, debido a que como nuestra madre, la casa lucha por nuestra protección, nos da calidez y paz. Vemos esta idea reflejada en la cita: "La casa se estrechó contra mí como una loba, y por momentos sentía su aroma descender maternalmente hasta mi corazón. Aquella noche fue verdaderamente mi madre" [10].

La casa es parte de nosotros habitamos en ella y ella habita en nosotros, nos protege, nos guarda y el espacio habitado trasciende el espacio geométrico [11].

Cuando abandonamos la casa, aquella que nos guardó, aquella de la infancia, es extraño cómo la llevamos con nosotros a cada nuevo espacio que habitamos, como nos lo menciona en su idea Bachelard: "Extraña situación, ¡los espacios que amamos no quieren quedarse encerrados siempre! Se despliegan. Dígase que se transportan fácilmente a otra parte, a otros tiempos, en planos diferentes de sueños y recuerdos" [12].

Es ahí donde cabria mencionar la casa de la abuela, la casa de los sueños, que no es válida como configuración geométrica, si no por su valor simbólico, sus recuerdos gozosos y de angustia, imágenes poéticas que no quieren quedarse encerradas y que me perseguirán en cada nueva casa que habite, trayendo consigo pequeños rincones que alimenten mi alma, y hagan la casa soñada, que en palabras de Bachelard serían las siguientes: "A veces, la casa del porvenir es más sólida, más clara, más vasta que todas las casas del pasado. Frente a la casa natal trabaja la imagen de *la casa soñada*. Ya tarde en la vida, con un valor invencible, se dice: lo que no se ha hecho, se hará. Se construirá la casa. Esta casa soñada puede ser un simple sueño de propietario, la concentración de todo lo que se ha estimado cómodo, confortable, sano, sólido, incluso codiciable para los demás [13].

Toda gran imagen simple es reveladora de un estado de alma. La casa es, más aún que el paisaje, un estado de alma. Incluso reproducida en su aspecto exterior, dice una intimidad [14], por lo tanto, la casa sirve como instrumento de análisis del alma humana y el ser en sí. La casa va más allá del objeto, de lo cuantitativo, esta es el primer mundo del ser humano antes de ser "lanzado al mundo", es parte de uno, significativa, humana, única.

Por lo tanto, todo lo anterior me hace pensar en cuáles fueron aquellos recuerdos, aquellos rincones o imágenes poéticas, que forman esas pautas de intimidad, pautas de diseño que me propicien este cobijo, esa protección de madre, esa felicidad del habitar y gozar el vivir ahí. Asimismo propiciar en la labor del arquitecto estas pautas que le proporcionen al habitante el poder encontrar y construir su existencia, donde se desarrolle su inmensidad intima. Es decir, no crear sólo objetos sino espacios poéticos donde habite el alma humana.

Notas

1. Bachelard, Gaston, "La poética del espacio", México: FCE, 2011, p. 29.
2. La Audacia de Aquiles. Recuperado de http://aquileana.wordpress.com/2008/01/24/gaston-bachelard-la-poetica-del-espacio/
3. Bachelard, *op. cit.,* p. 34.
4. Ortíz Victor Manuel, "La casa una aproximacion", Mexico: Universidad Autonoma Metropolitana,Unidad Xochimilco, 1984, p. 19.
5. Bachelard, *op. cit.,* p. 61.
6. Bachelard, *op. cit.,* p. 37.
7. Ídem.
8. Bachelard, *op. cit.,* p. 70.
9. Bachelard, op. cit., p. 76
10. Bachelard, op. cit., p. 77.
11. Ídem.
12. Bachelard, op. cit., p. 85.
13. Bachelard, op. cit., p. 93.
14. Bachelard, op. cit., p. 104.

Bibliografía

Bachelard, Gaston, "La poética del espacio", México: FCE, 2011.
La Audacia de Aquiles. Recuperado de http://aquileana.wordpress.com/2008/01/24/gaston-bachelard-la-poetica-del-espacio/
Ortíz Victor Manuel, "La casa una aproximacion", México: Universidad Autónoma Metropolitana,Unidad Xochimilco, 1984.

La "Divina Comedia"
Dante Alighieri

HERNÁN GUERRERO FIGUEROA
ULISES MÁRQUEZ CRUZ
ADRIANA QUIROGA ZULUAGA

Introducción

El hombre es capaz de situarse en el mundo en el momento que simboliza, está capacidad de simbolización se da porque imagina y genera una actitud ético-estética ante el mundo. "Ciencia, arte, técnica, mito, magia... en fin, todas las figuras de la acción humana son fragmentos cuajados de la fuerza desbordante de la imaginación que humaniza lo real y humaniza al hombre" (Lapoujade, 1988). Para el historiador o teórico, directa o indirectamente, la información literaria como intensificación de la experiencia urbana, constituye una reserva importante de reflexiones, sugerencias e implicaciones. Por otra parte, la ciudad reflejada en la obra literaria se interpreta como una de las dimensiones de la ciudad, aunque en un distinto plano de la realidad. De la misma manera, otros medios de comunicación al actuar como testimonio superan las dimensiones del documento y concurren para constituir la imagen contemporánea de la ciudad (Sica, 1977). Hemos querido a través de este escrito utilizar la literatura como una herramienta más dentro de las áreas interdisciplinares a fines con la arquitectura para explicar con ello un espacio imaginario de la Edad Media que ha sido obra maestra de la literatura mundial. Este artículo no pretende ser un análisis crítico literario de la obra, es un ejercicio de imaginación del espacio a través de la narración poética; las imágenes que lo conforman sirven de guía para entrar a la multidiversidad de espacios que nos presenta el mundo imaginario de Dante unido con el ciberespacio; más que una postura crítica, el fin es entender a través de una percepción individual de la obra el lugar dantesco.

Dante Alighieri

Nació en el año de 1265, hijo de Aldighiero Degli Elisei, quien murió cuando Dante era muy joven. Dante fue educado por su padre muy esmeradamente y a su muerte recibió apoyo para seguir estudiando por parte de parientes y especialmente por Brunetto Lattini, quien lo dirigió al estudio de las letras; pero Dante no sólo se refugió en sus estudios sino que también participó activamente en las diversas actividades que el mundo le ofrecía, fue así como compitió de ejercicios varoniles y combatió en la batalla de Campaldino ganada por los gibelinos de Arezzo, en 1289; dos años más tarde combatió en la toma de Caprona, contra los posanos. A su regreso se casó con Madonna Gemma, con la cual tuvo bastantes hijos. A la edad de 35 años y luego de haber desempeñado varios cargos públicos fue uno de los priores o magistrados supremos de Florencia, en este cargo por elección tuvo origen su destierro de Florencia, cuando la ciudad estaba dividida en dos nuevos partidos, Dante participaba a favor de los Blancos quienes se oponían a los Negros que querían abrir las puertas de la ciudad a Carlos de Valois. Al llegar a Siena, junto con otros desterrados se establecieron en el lugar de Arezzo, allí se pusieron al servicio del conde Alejandro de Romena. Después de varios años en los que Dante intentó volver a su ciudad natal sin conseguirlo, decidió finalmente viajar a París donde se dedicó al estudio de la teología y la filosofía, luego paso de ciudad en ciudad luchando contra la miseria hasta que finalmente se estableció en Rávena, sitio al que tuvo buena acogida, especialmente por Guido Novello de Polenta, señor de esa ciudad, allí permaneció varios años. Finalmente murió el 14 de septiembre de 1321 en Rávena.

La obra y su simbología

La *Divina Comedia* de Alighieri (1998), es un poema donde se mezcla la vida real con la sobrenatural, muestra la lucha entre la nada y la inmortalidad, una lucha donde se superponen tres reinos, tres mundos, logrando una suma de múltiples visuales que nunca se contradicen o se anulan. Los tres mundos: infierno, purgatorio y paraíso reflejan tres modos de ser de la humanidad, en ellos se reflejan el vicio, el pasaje del vicio a la virtud y la condición de los hombres perfectos. Es entonces a través de los viciosos, penitentes y buenos que se revela la vida en todas sus formas, sus miserias y hazañas, pero también se muestra la vida que no es, la muerte, que tiene su propia vida, todo como una mezcla agraciada planteada por Dante, que se vuelve arquitecto de lo universal y de lo sublime.

El sujeto de la comedia es el hombre de todas las razas, credos, edades, el hombre que está entre el cielo y la tierra; que en esencia es el estado de las almas después de la muerte y la forma en que se expresa en cuanto por sus méritos o desméritos se hace por lo tanto acreedoras a los castigos o a las recompensas divinas. Dante se vale tanto de personajes bíblicos como de seres extraídos de la mitología pagana para la creación de sus personajes, mezclándolos en los pasajes indistintamente. El espacio que se presenta es uno sólo subdividido en tres partes autónomas e independientes al interior, no así en su exterior, es un contenedor único, accesible para todos, pero perfectamente definido por sus límites, un sólo espacio con diferentes ambientes claramente determinados. Difícilmente puede imaginarse la construcción espacial de los espacios visitados por Dante, las descripciones no pueden remitirnos a espacios reales o tangibles, debe permitirse a la imaginación ser guiada por el lenguaje poético para el que cualquier lugar puede ser posible.

Infierno

Según su comentadores, Dante viajó al infierno a la edad de 35 años, el día Viernes Santo del año 1300, recorrió todos los círculos en 24 horas. El infierno que nos presenta tiene forma de embudo o de cono invertido, el cual está dividido en círculos decrecientes. Los círculos son nueve y ruinosa y atroz es su topografía; los cinco primeros forman el alto infierno, los cuatro últimos el infierno inferior, que es una ciudad con mezquitas rojas, cercada por murallas de hierro. Adentro hay sepulturas, pozos, despeñaderos, pantanos y arenales; en el ápice del cono está Lucifer. Una grieta que abrieron en la roca las aguas del Leteo comunica el fondo del infierno con la base del purgatorio. Para Alighieri el infierno va descendiendo desde la superficie boreal estrechándose gradualmente hasta el centro del globo terráqueo; está connotación que el autor hace sobre el espacio de Lucifer se desprende del centro de la Tierra hacia adentro, tomando en cuenta que las penumbras representan el mal, el abajo que para en ese entonces no se convertía en arriba, (recordemos que para la época en que se escribe la obra, no existe una idea clara de la forma de la Tierra y sus respectivos movimientos), es tomado como lo no deseado, abajo del hombre lo único que existe es indeseable.

Ahora bien, el manejo que el autor hace de este espacio es más descriptivo que en el purgatorio y el paraíso. Se basa en la planificación de la ciudad medieval y en el comportamiento de los seres humanos de esa época, el espacio imaginario del infierno va más ligado a la realidad, por ello utiliza algunas referencias medievales en la descripción de algunos círculos, que son espacios arquitectónicos característicos, como la puerta del infierno o la ciudad de Dite, (ciudad a la que hace analogía con Florencia medieval, su ciudad natal). Esto nos ayuda a entender, que Dante había descubierto el infierno en el espacio que habitaba diariamente. Cada uno de los nueve círculos es un espacio totalmente diferente donde se albergan culpas o penas que son el alma vital de cada espacio haciéndolos únicos; hasta llegar al infierno y retomar la subida al purgatorio. La división de espacios es la siguiente:

Primer círculo: donde está el Limbo. En éste se encuentra las personas que no fueron bautizadas, destacándose entre ellos personajes de connotación histórica que según la religión católica mueren sin conocer la fe; este espacio está conformado por un castillo rodeado de siete muros denominado la "mansión de los justos".

Segundo círculo: errantes por el espacio se encuentran los lujuriosos y las personas que pecan por amor utilizándolo para bien propio. Minos juzga a las almas y las sumerge en un gran torbellino incesante que los agobia en la soledad absoluta.

Tercer círculo: metidos en el fango, se encuentran los glotones, los soberbios y los envidiosos; azotados en el suelo por una lluvia fuerte "La Tormenta" y desollados por un cerebro de tres cabezas "El Cancerbero", Dante se encuentra con Ciacco y hablan de las discordias de Florencia.

Cuarto círculo: en este círculo, pródigos y avaros, chocando y mofándose unos con otros, están arrastrados por enormes peso; aquí los clérigos, papas y cardenales están cubiertos por un manantial de aguas oscuras que generan un pantano.

Quinto círculo y el sexto están conformados por la ciudad de "Dite" (Plutón), rodeada de una laguna que encierra gran fetidez; su entrada resaltada por una gran puerta, hace parte de una muralla de hierro; aquí se encuentra los orgullosos, los herejes, los libres pensadores y los materialistas.

Sexto círculo: los herejes, metidos en sepulcros de fuego. Farinata predice a Dante su destierro e infortunios.

Séptimo círculo: el séptimo círculo vigilado por el minotauro, está dividido por tres círculos llenos de piedra y rodeados por un gran río de sangre. A partir de este espacio cada círculo empieza a tener divisiones que albergan una pena en particular, por ejemplo, los espíritus malditos que están divididos en tres: los violentos, los injuriosos y los usureros.

> **Primer recinto del séptimo círculo:** los violentos. Su suplicio: el Minotauro. El centauro Neso pasa a Dante a través del Flegetón.

> **Segundo recinto del séptimo círculo:** los violentos contra sí mismos: los suicidas, los disipadores.

> **Tercer recinto del séptimo círculo:** los violentos contra Dios, contra la naturaleza y contra la Sociedad.

Octavo círculo: los fraudulentos. Comprende diez fosas: la primera, de los rufianes y los seductores y la segunda, de los aduladores y los cortesanos.

> **Tercera fosa del octavo círculo:** los simoníacos.

> **Cuarta fosa del octavo círculo:** los adivinos, aquí Virgilio explica a Dante el origen de "Mantua".

> **Quinta fosa del octavo círculo:** los que trafican con la justicia; están sumergidos en pez hirviendo. Los demonios atacan a los poetas, Dante y Virgilio, en el infierno grotesco.

> **Sexta fosa del octavo círculo:** los hipócritas; soportan capas de plomo dorado.

> **Séptima fosa del octavo círculo:** los ladrones, mordidos por serpientes. Predicciones de Vanni Fucci de Pistoia contra Florencia.

> **Octava fosa del octavo círculo:** los consejeros, hechos llamas. Aquí explican el trágico fin de Ulises.

> **Novena fosa del octavo círculo:** los escandalosos, cismáticos y herejes, acuchillados. Suplicio de Mahoma y otros.

> **Décima fosa del octavo círculo:** los charlatanes y falsarios, cubiertos de lepra.

Noveno y último círculo: para los traidores. Comprende cuatro recintos. Antes de llegar a él, hay un pozo rodeado de gigantes. Anteo lleva a los poetas al fondo del noveno círculo. En el noveno círculo y último, están los gigantes, masas brutales e inertes que son sepultados en la tierra, confundidas con torres. Dentro de él hay un pozo de cuatro zonas distintas oprimidas por hielos gruesos, en él se encuentra el constructor de la torre de babel que impidió al mundo hablar la misma lengua. En el centro de la tierra, entre hielos que envuelven las sombras, está Lucifer con medio cuerpo fuera de la superficie glacial, masticando a Judas como juguete de plástico. Es interesante que dentro de la cultura occidental siempre se ha tenido una concepción del infierno lleno de llamas, en cambio para Dante el hielo, la cueva y la oscuridad es la casa de Lucifer.

Primer recinto del noveno círculo, la caína: los traidores a sus parientes.

Segundo recinto del noveno círculo, la Antenora: los traidores a su patria. El suplicio por el hielo.

Tercer recinto del noveno círculo, la Plotomea: los traidores a sus amigos y huéspedes.

Cuarto recinto del noveno círculo, la Judesca: los traidores a sus bienhechores. Judas y Lucifer.

Dante y Virgilio salen del infierno
Purgatorio

Nueve son los círculos del infierno, nueve son las terrazas del purgatorio y nueve los astros que conforman el paraíso; la sumatoria de tres veces tres da nueve, lo cual ratifica la importancia del número tres en la religión católica, como la divina trinidad, las tres gracias, etc. Después de descender Dante y Virgilio por los nueve círculos del infierno y encontrarse en el hogar de Lucifer, ascienden por una montaña conformada de nueve terrazas que se van restringiendo hasta la cumbre. En este espacio, Dante empieza ya a tomar referencias materiales de la tierra y se remonta más hacia el sentido de la naturaleza, es por ello que para él la montaña es el inicio de una gran travesía hacia el cielo donde se pueden purgar las penas. La montaña es una isla y tiene una puerta; en sus laderas se escalonan terrazas que significan los pecados mortales;

el jardín del Edén florece en la cumbre, los espacios divididos en su interior son:

Primera plataforma: Dante, sostenido por Virgilio, llega a una plataforma donde están los Negligentes.

Puerta del purgatorio: visión de Dante durante su sueño; al despertar se encuentra en el tercer rellano de la montaña, donde está la puerta del purgatorio, vigilada por un ángel.

> **Primer círculo:** donde se purga el pecado de la soberbia y se castiga a los orgullosos.
>
> **Segundo círculo:** donde se purga el pecado de la envidia.
>
> **Tercer círculo:** donde se purga el pecado de la ira. Dante ve en éxtasis algunos ejemplos de mansedumbre. Los poetas se hallan rodeados de un humo espeso.
>
> **Cuarto círculo:** donde se purga el pecado de la pereza. Dante ve en su imaginación ejemplos de ira castigada.
>
> **Quinto círculo:** donde se purga el pecado de la avaricia. Visión de Dante castigando a los avaros.
>
> **Sexto círculo:** donde se purga el pecado de la gula y se muestran algunos ejemplos de templanza. Stacio explica su permanencia entre los avarientos y los perezosos.
>
> **Octavo círculo:** una voz salida de un árbol recuerda ejemplos de gula. Un ángel guía a los poetas, Dante y Virgilio hasta el séptimo círculo.

Paraíso

En este espacio Dante se despide de Virgilio (la sabiduría y la poesía) y se encuentra con Beatriz (la teología), quien lo acompaña en su recorrido. Lugar caracterizado por esferas celestes movidas por coros angelicales, que se producen de los 4 elementos básicos: aire, fuego, agua y tierra. El paraíso está conformado por nueve cielos y la ciudad de Dios, cada uno de ellos es una esfera que rodea la tierra, los siete primeros eran los planetas conocidos, el octavo las constelaciones solares y estrellas fijas, y el noveno estaba determinado por un cielo cristalino que permanece inmóvil, donde se encuentra el paraíso. Los primeros sietes cielos o esferas los simboliza, las 7 virtudes teologales que son parte de la exploración del paraíso a través de consideraciones morales y espirituales:

Primer cielo: el de la Luna (fortaleza). Beatriz explica la causa de las manchas de la Luna.

Segundo cielo: el de Mercurio (justicia). Beatriz explica el modo de satisfacer los votos que han sido rotos.

Tercer cielo: esfera de Venus (templanza), donde están las almas de los enamorados. Carlos Martel manifiesta cómo puede nacer de un padre virtuoso un hijo vicioso.

Cuarto cielo: el del Sol (prudencia). Santo Tomás de Aquino expone el orden con el que Dios creó el universo.

Quinto cielo: el de Marte (fe), donde están las almas de los que han combatido por la fe.

Sexto cielo: el de Júpiter (esperanza), donde se encuentran los que han administrado rectamente la justicia. Cacciaguida nombra a muchos de los espíritus que componen la cruz.

Séptimo cielo: el de Saturno (caridad), donde formando una escala ascendente, están los que se dedicaron a la vida contemplativa. Sátira contra el lujo del clero en la época medieval.

Octavo cielo: descenso de Jesucristo y la Virgen María al octavo cielo. Coronación de la Virgen María por el Arcángel Gabriel. Este cielo está conformado por las constelaciones, maneja una escena netamente mística y doctrinal, donde se reúnen los esplendores del cielo y de la tierra.

Noveno cielo: llamado el primer móvil. Apóstrofe de San Pedro contra los malos eclesiásticos, custodiado por nueve ángeles que giran en torno a un punto luminoso lejano se encuentra el paraíso Dantesco que simboliza la ciudad de Dios: la iglesia triunfante.

La ciudad de Dios: el Empíreo. Triunfo de los ángeles y de los bienaventurados. Beatriz hace que Dante fije su atención en la ciudad de Dios.

Bibliografía

Alighieri, Dante. "Divina Comedia", México, Porrúa, 1998.

Lapoujade, María Noel, "Filosofía de la imaginación", México: Editorial Siglo XXI, 1988.

Sica, Paolo, "La imagen de la ciudad de Esparta a las Vegas", Barcelona: Gustavo Gili, 1977.

Sobre los autores

Jacob Buganza Torio

Doctor en Estudios Humanísticos, por el Instituto Tecnológico y de Estudios Superiores de Monterrey, Campus Ciudad de México (ITESM CCM). Grado obtenido con Mención honorífica debido al promedio más alto de la generación. Tesis: Un imperativo ético hermenéutico-analógico. Realizó su estancia de investigación en el Centro Internazionale di Studi Rosminiani, en Stresa, Italia, de septiembre de 2011 a la fecha. Fue en el 2005 Coordinador del Departamento de Humanidades del Instituto Tecnológico y de Estudios Superiores de Monterrey, Campus Central del Veracruz (ITESM, CCV), en el 2006 fue Director del Departamento de Humanidades del Instituto Tecnológico y de Estudios Superiores de Monterrey, Campus Central del Veracruz (ITESM, CCV). Del 2006 al 2008 fue Secretario del Senado Académico del Tecnológico de Monterrey, Campus Central de Veracruz, del 2010 al 2011 fue Coordinador de la Maestría en Filosofía de la Facultad de Filosofía de la Universidad Veracruzana y en el año 2011 fue Coordinador del Doctorado en Filosofía del Instituto de Filosofía de la Universidad Veracruzana. Actualmente es Académico de carrera de tiempo completo titular "C" del Instituto de Filosofía de la Universidad Veracruzana. Ha sido miembro del Consejo Editorial de diversas revistas científicas, autor de numerosos artículos en revistas especializadas nacionales e internacionales, y es autor de los libros: Filosofar en clave periodística, Ediciones Verbum Mentis, Córdoba (México), 2008; Divulgación y trabajo filosófico, Editorial Torres Asociados, México, 2009; Pensar la literatura, Ediciones Verbum Mentis, Córdoba, Ver., 2009; El ser y el bien. Comentario a los Principi della scienza morale de Antonio Rosmini, Edizioni Rosminiane Sodalitas (Biblioteca di Studi Rosminiani, n. 38), Stresa, Italia, 2010; Un imperativo ético hermenéutico-analógico (Prólogo de Mauricio Beuchot), Universidad Santo Tomás de Aquino, Bogotá, Colombia, 2011; y Panorama de los sistemas éticos de los siglos XIX y XX, Red Internacional de Hermenéutica Educativa, México, 2011. Cuenta con una extensa producción de ensayos publicados en libros, antologías y reseñas, algunos de sus escritos se han traducido al inglés, francés e italiano.

Karina Contreras Castellanos

México 1974. Maestra en Arquitectura (mención honorífica) por la Universidad Nacional Autónoma de México, obtuvo el grado en el año 2014 con la tesis "El espacio en el espacio: vacío intangible de potencialidad poética". Realizó sus estudios de licenciatura como arquitecta en la Universidad Iberoamericana, titulándose en el año 2000. Ha realizado además otros estudios de posgrado y especialización en la Universidad Politécnica de Cataluña en Barcelona, España. Su experiencia profesional abarca proyectos independientes y en despachos en la Ciudad de México y Barcelona. Actualmente se dedica a realizar proyectos arquitectónicos por cuenta propia y es docente a nivel de maestría en el Posgrado de la Facultad de Arquitectura de la UNAM en Ciudad Universitaria, México D.F. espaciocuatro33@gmail.com

Luz Gabriela González Rocha

Nace en Guanajuato, México, 1984. Arquitecta por parte de la Universidad de la Salle Bajío, campus León Guanajuato, 2008. Experiencia profesional en diseño de espacios privados y públicos. Interés en la crítica arquitectónica y transdisciplina dentro del proceso creativo. Actualmente, es estudiante del Posgrado de Arquitectura dentro del campo Diseño Arquitectónico, en la Universidad Nacional de México, con un tema de investigación "Manifestación y permanencia del instante poético en los espacios arquitectónicos".

Roberto Goycoolea Prado

Santiago de Chile, 31 diciembre 1956. Arquitecto, U. Técnica del Estado, Chile (1983), Doctor en arquitectura, U. Politécnica, Madrid (1992). Trabajo actual: Subdirector de Arquitectura, Escuela Politécnica, Universidad de Alcalá. Más de 30 cursos, seminarios y congresos en diversas áreas de la arquitectura y el urbanismo. Idiomas castellano, inglés, francés. Ejercicio académico Coordinador en México del Doctorado en Arquitectura y Urbanismo. U. Politécnica de Madrid y U. de Veracruz (1994-98). Ha impartido cursos, seminarios o conferencias en universidades de España, Puerto Rico, Chile y México. Ejercicio profesional Diversos proyectos y obras como arquitecto particular y como asociados. Ha recibido diversas distinciones profesionales.

Hernán Guerrero Figueroa

Nace en Contadero-Nariño Colombia en 1972. Maestro en Arquitectura (Mención Honorífica, UNAM 2001), arquitecto egresado de la Universidad del Valle Cali, Colombia. Diplomado en Museología en el Instituto Nacional de Antropología e Historia de México. Trabajó en Colombia en proyectos de diseño arquitectónico en las constructoras Casa Obando en la ciudad de Ipiales y en Prospectar de Colombia en la ciudad de San Juan de Pasto e igualmente realizó trabajos en forma independiente. Durante el tiempo de estudios de posgrado estuvo becado por la Secretaría De Educación Pública de México, en el año de 1999 forma parte del grupo fundador de la revista de Internet www. architecthum.edu.mx y trabaja actualmente en el área de diseño arquitectónico.

María Elena Hernández Álvarez

Nació en la Ciudad de México. Doctora en Arquitectura, (Mención Honorífica) UNAM; Maestría en Humanidades, Licenciatura en Arquitectura y Master (MDI) U. Anáhuac. Inicia labor docente en 1972; ha impartido diversas cátedras en la ESIA del Instituto Politécnico Nacional, la Universidad Anáhuac, la Universidad Iberoamericana, la UNAM y el Instituto Superior de Ciencia y Tecnología, A.C. Fue Directora de la Escuela de Arquitectura del ISCYTAC (Gómez Palacio, Durango. México). Autora del *libro Arquitectura en la Poesía* (UNAM); coautora con la Dra. Margarita León Vega del libro *El espacio en la Narración* (UNAM); autora del libro *Supuestos morfogenéticos de la Arquitectura. El caso de la Catedral Gótica*. Ha publicado artículos en Universidades y en revistas especializadas. Ponente y organizadora en diversos foros nacionales e internacionales. Ha dirigido numerosas tesis de licenciatura, maestría y doctorado. Fundadora y Directora de la publicación en Internet www.architecthum.edu.mx. Fundadora y Directora de Architecthum-Plus, S.C., editores. En ejercicio libre de la profesión ha desarrollado y edificado diversos proyectos arquitectónicos. Titular del Seminario de Área y Taller de

Investigación "Arquitectura y Humanidades" en el Programa de Maestría y Doctorado en Arquitectura de la Universidad Nacional Autónoma de México. Medalla "Alfonso Caso", UNAM por tesis doctoral. Miembro del Jurado del Premio Universidad Nacional y Distinción Nacional para Jóvenes Académicos. Reconocimiento de la Dirección General de Estudios de Posgrado UNAM a tesis doctoral en la Colección 2002. Miembro de Número de la Academia Nacional de Arquitectura. Consejera Técnica (2006-2012) representante de los profesores de Posgrado, Facultad de Arquitectura, UNAM.

Edgar Fabián Hernández Rivero

Arquitecto, formado en la Universidad de Guanajuato, con un interés especial por las manifestaciones alternativas del habitar y aquello que se encuentra detrás de su creación. En su labor como investigador ha buscado acercarse al estudio de las diversas formas en que el ser humano es y se expresa en el espacio, pretendiendo, con ello, captar la esencia de una obra al diseñarla o analizarla. Actualmente cursa en la Universidad Nacional Autónoma de México el programa de Maestría en Arquitectura en el campo de conocimiento de diseño arquitectónico.

Jorge Anibal Manrique Prieto

Maestro en arquitectura (mención honorífica), UNAM. Arquitecto de la Universidad Nacional de Colombia, sede Bogotá; con profundización en vivienda. Ha trabajado en investigaciones de entidades públicas en Bogotá, como diseñador de proyectos en entidades privadas, y como profesor adjunto de posgrado en la Facultad de Arquitectura de la UNAM. Fue ganador de un primer puesto en la "X Anual de Estudiantes de Arquitectura" de la sociedad colombiana de arquitectos, con su proyecto de grado de licenciatura titulado: "Vivienda de alta densidad: Calidad en el Habitar". Proyecto que ha sido publicado en las revistas Escala Colombia y Replanteo. Ha participado en diferentes congresos y encuentros académicos como asistente y como ponente: en Noviembre de 2012 participó en el "XXIV Congreso Panamericano de Arquitectos" en Maceió, Brasil. Y en el año 2013 colaboró como parte del comité organizador y como ponente del "1er. Encuentro

Académico Internacional: Reflexiones en torno al proyecto arquitectónico" organizado entre las maestrías en arquitectura de la UNAM y la UNAL, evento que se realizó en Bogotá, Colombia. Actualmente trabaja en una ONG desarrollando proyectos de infraestructura educativa para lugares marginados en México.

Ulises Márquez Cruz

Nació en la Ciudad de Tampico, Tamaulipas, México en 1971. Maestro en Arquitectura, UNAM. Licenciatura en Arquitectura en el Instituto Tecnológico Regional de Colima. Ha participado en excavaciones arqueológicas en Colima, además supervisión de obra y proyectos particulares menores tanto en Colima, Manzanillo y Jalapa. Ha participado como organizador y como ponente en diversos coloquios y eventos académicos de la UNAM. Tiene publicados artículos en www.architecthum.edu.mx y en otras revistas especializadas de arquitectura.

Yhessy Aurora Paredes Chávez

Maestra en arquitectura (mención honorífica), UNAM. Licenciada en Arquitectura, egresada de la Universidad Veracruzana Campus Xalapa, Veracruz. Ha realizado estudios de posgrado en la Universidad Politécnica de Madrid, España. Ha trabajado en proyectos de vivienda e ingeniería civil.

Adriana Quiroga Zuluaga

Nace en Santafé de Bogotá, Colombia, en 1973. Maestra en Arquitectura (Mención Honorífica, UNAM, 2001). Concluye sus estudios universitarios en la Facultad de Arquitectura de la Universidad Piloto de Colombia en 1996, trabajó en proyectos arquitectónicos de vivienda de interés social. Diplomada en Consultoría Ambiental en la UNAM. Tomó seminarios en Teoría e Historia de la Arquitectura en la Universidad Piloto de Colombia y la Universidad Nacional de Colombia. Durante el tiempo de estudios de postgrado estuvo becada por la Secretaría De Educación Pública de México, en el año de 1999 forma parte del grupo fundador de la revista de Internet www.architecthum.edu.mx y es coordinadora general de ésta. De 2001 al 2002 trabajó en el área arquitectónica en el ámbito de: Diseño, auditoria, consultoria y valoración de proyectos.

Otros títulos de la Colección **Arquitectura y Humanidades**:

Volumen 1:
Perspectivas de la arquitectura desde las humanidades I

Volumen 2:
Poética arquitectónica I

Volumen 3:
Espacios Imaginarios I

Volumen 4:
Arquitectura y lo sagrado I

Volumen 5:
Historiografías e interpretaciones de los hechos arquitectónicos I

Volumen 6:
Arquitectura, lugar y ciudad I

Volumen 7:
Paisajes arquitectónicos I

Volumen 8:
Existiendo, habitando lo arquitectónico I

Volumen 9:
Un encuentro de la arquitectura con las artes I

Volumen 10:
Enfoques de la arquitectura desde la filosofía I

Volumen 11:
El espacio privado e íntimo I

Volumen 12:
Reflexiones en torno a un método del diseño arquitectónico I